Manfred Siebald
Und wir in seinen Händen
Ein Jahr und ein Tag mit Matthias Claudius

Manfred Siebald

Und wir in seinen Händen

Ein Jahr und ein Tag
mit Matthias Claudius

SCM

Stiftung Christliche Medien

MIX
Papier aus verantwortungsvollen Quellen
FSC® C006701
FSC www.fsc.org

© der deutschen Ausgabe 2014
SCM Hänssler im SCM-Verlag GmbH & Co. KG
71088 Holzgerlingen
Internet: www.scm-haenssler.de · E-Mail: info@scm-haenssler.de

Die Bibelverse sind, wenn nicht anders angegeben,
folgender Ausgabe entnommen:
Lutherbibel, revidierter Text 1984,
durchgesehene Ausgabe in neuer Rechtschreibung 2006,
© 1999 Deutsche Bibelgesellschaft, Stuttgart.

Illustrationen im Innenteil: Anna Ulrich
Umschlaggestaltung: Benjamin Siebald, www.jung-und-juenger.de
Titelbild: *Zweihundert deutsche Männer*, hg. Ludwig Bechstein
(Leipzig, 1854), http://portrait.kaar.at
Autorenbild: Stephan Vogel, www.vogelsfotos.com
Satz: typoscript GmbH, Walddorfhäslach
Druck und Bindung: CPI books GmbH, Leck
Gedruckt in Deutschland
ISBN 978-3-7751-5580-9
Bestell-Nr. 395.580

Inhalt

Der Mensch lebt und bestehet
    Nur eine kleine Zeit;
Und alle Welt vergehet
    Mit ihrer Herrlichkeit.
Es ist nur Einer ewig und an allen Enden,
    Und wir in seinen Händen.[1]

Ein erster Brief

Sehr geehrter Herr Claudius,

Sie haben in Ihrem Leben so viele Briefe an wirkliche und erdachte Personen geschrieben, dass ich mir einfach erlaube, Ihnen heute selbst einen Brief zu schreiben. Nicht, dass ich diesem Brief eine begründete Chance geben würde, von Ihnen wahrgenommen zu werden – Ihr irdisches Leben ging ja schon vor zweihundert Jahren zu Ende. Aber manches, was Sie in Ihren Gedichten und Texten gesagt haben, lässt sich vermutlich besser verstehen, wenn man über diese Gedanken nicht nur redet oder schreibt, sondern sie mit dem Menschen selbst bespricht, aus dessen Leben sie stammen.

Am besten erkläre ich Ihnen zunächst einmal, warum ich mir vorgenommen habe, ein Jahr lang Gedichte und Prosa von Ihnen zu lesen, die den Rhythmus von Frühling, Sommer, Herbst und Winter behandeln. Und dann auch Texte, in denen Sie für mich einen Tag lang, vom frühen Morgen bis zum späten Abend, Blicke in die Welt und in Ihre eigene Seele werfen.

Lese ich Matthias Claudius, weil Sie mit »Der Mond ist aufgegangen« eines der beliebtesten deutschen Abendlieder geschrieben haben? Nein, das genügt mir nicht als Begründung. Was sagen Hitlisten und

Verkaufszahlen schon über Inhalte und über Qualität und Wahrheit aus? Ein bisschen tiefer als die Bestsellertabellen möchte ich schon schürfen.

Lese ich Matthias Claudius, weil Sie schon in vielen Literaturgeschichten behandelt worden sind und weil es zur Allgemeinbildung gehört, Ihren Namen zu kennen? Mag sein, aber eigentlich interessiert mich heute weniger, was Spezialisten in der Vergangenheit über Sie, Ihre Werke und Ihre Motivation geschrieben haben – nach dem alten Deutschlehrer-Motto: »Was wollte uns der Dichter damit sagen?« Was der Autor schreiben wollte und was dabei herausgekommen ist, ist das eine; was der Leser davon wahrnimmt und wie er es für seinen Horizont passend macht, kann etwas ganz anderes sein. Gedichte und Geschichten werden ja – so wissen wir heute – erst im Kopf jedes einzelnen Lesers vollendet. Und so hat jede Epoche bisher etwas anderes an Ihren Texten geschätzt oder verworfen und ihr eigenes Bild von Ihnen entworfen. Diese vielen Matthias-Claudius-Bilder sind für mich aber nicht so wichtig wie Ihre Texte selbst.

Was will ich denn dann? Ein umfassendes oder wenigstens ausgewogenes Bild Ihrer Epoche und Ihrer Persönlichkeit zeichnen, weil man vieles in Ihren Gedichten nur verstehen kann, wenn man Ihr Leben und Ihre Zeit möglichst objektiv erforscht hat? Das haben viele andere Bücher versucht und einige davon mit vorzüglichem Erfolg.[2] Der geschichtliche

Blick ist sicher wichtig, aber manchmal ist Geschichte nicht nur Vergangenheit, sondern auch das, was sich unbemerkt wiederholt, wenn man keine Lehren daraus gezogen hat. Und ich glaube, dass wir heute stellenweise noch die gleichen Fehler machen, gegen die Sie sich gestemmt haben.

Auf den ersten Blick sei das, was unsere Zeit noch von Ihnen im Gedächtnis hat, »eigentümlich zeitlos«, sagte eine Biografin vor einiger Zeit.[3] Wo Lebensbeschreibungen mit gutem Grund die Verwurzelung von Autoren in ihrer Zeit untersuchen, möchte ich eher das Zeitlose aufspüren. Ich möchte mich einfach von Ihnen durch Jahr und Tag begleiten lassen und Ihre Texte in Ruhe in mich aufnehmen; möchte mich mit Ihnen über zwei Jahrhunderte hinweg unterhalten und möchte wissen, ob Sie mir möglicherweise Dinge zu sagen haben, die mich weiterbringen und mich mehr herausfordern als viele der gedanklichen Luftblasen meiner eigenen Zeit. Auch mein Zeitalter ist im Umbruch, sucht nach Orientierung, verliert den Glauben und könnte ihn wiederfinden – genau wie Ihres damals. Deshalb will ich Ihnen gern zu jedem Ihrer Texte einen Brief schreiben, in dem ich Ihnen erzähle, wie eigentümlich zeitlos Sie mir auch auf den zweiten und dritten Blick vorkommen.

Übrigens fällt es mir beim Schreiben zunehmend schwerer, dieses förmliche »Sie« durchzuhalten. Dazu fühle ich mich Ihnen an vielen Stellen zu sehr verbunden, fühle mich von Ihnen zu sehr verstanden und fürsorglich beraten. Auf der anderen Seite möchte ich Ihnen meine Freundschaft auch nicht nassforsch aufdrängen – Sie haben doch damals in einer Zeit gelebt, in der die Etikette noch sehr viel strikter war als in unserem manchmal sehr distanzlosen 21. Jahrhundert. Sie selbst haben sich ja gelegentlich die neugierig schnüffelnden Besucher in Wandsbek vom Hals gehalten, indem Sie aus dem Haus traten und mit abgenommener Nachtmütze sagten, Herr Claudius sei nicht zu Hause.[4]

Den Anstandsregeln zufolge müssten Sie mir das »Du« anbieten – Sie sind eindeutig der Ältere, sowohl im Blick auf Ihren Platz in der Geschichte als auch im Blick auf das Lebensalter. Doch da uns die Gelegenheit fehlt, miteinander im Garten Ihres Hauses in Wandsbek oder in unserem Gärtchen in Mainz Brüderschaft zu trinken (vielleicht mit einem Glas des von Ihnen so wunderbar besungenen Rheinweins), nehme ich mir die Freiheit, Ihnen einfach einseitig das »Du« anzutragen. Ich vertraue darauf, dass Sie mir das nicht postum übel nehmen.

Also sage ich jetzt einfach mal: Lieber Matthias, ich betrachte es als ein Vorrecht und eine Ehre, ein Jahr und einen Tag lang Gedichte und Texte von Dir lesen zu dürfen, und Dir dann zu schreiben, wie Du damit unerwartete Lichter in meinem eigenen Alltag angeknipst und meinen Blick für den geweitet hast, in dessen Händen wir alle sind. Was ich Dir bei diesem schamlos subjektiven Unternehmen an Rückmeldung zu geben habe, ist natürlich auch für die Leser dieses Buches gedacht. Ihnen möchte ich damit gern sagen, dass es Deine Gedichte auch noch bis in ein neues Jahrtausend hinein geschafft haben, mein Herz zu bewegen. In diesem Sinne grüße ich Dich als

Dein Dir schon immer geneigter Leser.

An wen schreibe ich hier eigentlich?

Lieber Matthias,

ein wenig muss ich mich natürlich doch mit Dir über Dein Leben unterhalten. Was warst Du für ein Mensch? Völlig unterschiedlich sind die Meinungen, die ich über Deinen Werdegang gelesen habe. Als Kind eines verschlafenen und vergessenen Ortes bist Du bezeichnet worden, als Gescheiterter, als Träumender und als »grämlicher Pietist«.[5] Wegen Deiner politischen Überzeugungen, die an der ständischen Ordnung und der Monarchie festhielten, hat man Dich »stockkonservativ« genannt.[6] Und dass für Dich im Letzten nicht politische Revolutionen den Menschen verändern, sondern dass »Revolutionen in den Gesinnungen der Menschen« nötig sind, ist Dir als falsche Einschätzung vorgeworfen worden.[7] Nun, da kann man durchaus anderer Meinung sein, denn wer nicht an die Allmacht der Waffen glaubt, ist nicht unbedingt dumm. Viele Revolutionen in Deinem und in meinem Jahrhundert haben doch nur an der Oberfläche neue Ordnungen hervorgebracht, und weil sich die Köpfe und die Herzen nicht verändert hatten, waren schon bald wieder neue Tyrannen am Ruder.

Manche Stimmen klingen da ganz anders: Einer Deiner einfühlsamsten Biografen hat seine Beschreibung Deiner vierundsiebzig Jahre mit dem Untertitel *Leben als Hauptberuf* versehen und Dich als »einfachen und doch außergewöhnlichen Menschen« beschrieben.[8] Ein späterer Dichterkollege hat geschwärmt, Du seist ein Christ der Bergpredigt gewesen, »ein Christ, der nicht arbeitete und nicht spann, der nicht die Saat bürgerlicher Tagesfron säte, um bürgerliche Reputation zu ernten, ein Christ des ›Sorget nicht‹, des ›Richtet nicht‹ . . . ein Christ der linken Hand, die vom Tun der rechten nicht weiß . . . .«[9] Und der ansonsten bissige Karl Kraus nannte Dich einen der »größten deutschen Dichter«.[10] Wer warst Du denn nun wirklich?

Du wurdest am 15. August 1740 in dem kleinen Ort Reinfeld im Herzogtum Holstein-Plön geboren. Deine Eltern – ein Pastor und eine Kaufmannstochter – ließen Dich und Deine Brüder in einer ländlichen Idylle aufwachsen, und Deine Schulbildung erhieltst Du zunächst von Deinem Vater und vom Organisten der Gemeinde. Über die Lateinschule in Plön ging es 1759 zusammen mit Deinem Bruder Josias an die Universität von Jena, wo Du Theologie studiertest. Ihr infiziert Euch beide 1760 mit den Blattern, und Josias starb daran. Statt Dein Theologiestudium fortzusetzen, wendetest Du Dich der Rechtswissenschaft und der Geschichte zu, brachst aber auch diese Fächer ab und kehrtest 1762 zu Deinen Eltern zurück.

Während einiger Berufsjahre als Sekretär des Grafen von Holstein in Kopenhagen lerntest Du den Dichter

Friedrich Gottlieb Klopstock kennen – eine für Deine schriftstellerische Arbeit wichtige Begegnung. Zwischendurch wohntest Du wieder im Haus Deiner Eltern und wurdest dann 1768 Journalist bei den *Hamburgischen Addreß-Comptoir-Nachrichten*. Hier veröffentlichtest Du neben Rezensionen auch Gedichte, so wie Du es auch ab 1770 bei der neu gegründeten Zeitschrift *Der Wandsbecker Bothe* tatst. Als diese Zeitschrift 1775 eingestellt wurde, verwendetest Du weiter ihren Titel und nanntest Dich selbst »Der Wandsbecker Bothe«. Neben vielen humoristischen und gefühlsbetonten Texten verfasstest Du durchaus auch Zeitkritisches und kommentiertest lustvoll die Auseinandersetzungen in Philosophie, Religion und Literatur Deiner Tage. Mit literarischen Berühmtheiten wie Klopstock, Johann Gottfried Herder und Gotthold Ephraim Lessing hieltst Du Verbindung und erlangtest im Laufe der Zeit eine gewisse Berühmtheit in Deutschland.

1772 heiratetest Du Deine große Liebe, die Zimmermannstochter Anna Rebecca Behn, der Du viele Deiner Gedichte und Texte widmetest und mit der Du zwölf Kinder hattest. Durch die Vermittlung Herders wurdest Du 1776 Oberlandkommissar in Darmstadt und warst mit der Unterstützung von sozialen und politischen Reformen beauftragt. In der *Hessen-Darmstädtischen privilegirten Land-Zeitung* versuchtest Du, den Adel zu einer Verbesserung der bäuerlichen Lebensbedingungen zu bewegen.

Auf Dauer hieltst Du es aber in Darmstadt nicht aus und kehrtest nach Wandsbek zurück. Das war der Beginn einer langen Zeit an ein und demselben Ort. Von 1775 bis 1812 hast Du dort als Übersetzer und Lehrer gearbeitet und acht Teile des *Wandsbecker Bothen* veröffentlicht, Zusammenstellungen von literarischen, feuilletonistischen, theologischen und politischen Texten, die Du über die Jahre verfasst hattest. Du hast darin Missstände Deiner Zeit kritisiert, aber auch viel Persönliches preisgegeben, und es sind diese Texte, die uns tiefer in Deine Persönlichkeit schauen lassen als Jahreszahlen und Berufsbeschreibungen.

Ab 1788 hattest Du die nicht sehr arbeitsintensive, aber dafür recht lukrative Stelle eines Bankrevisors bei der Altonaer »Schleswig-Holsteinischen Speciesbank« inne, und das hielt Dich und Deine große Familie einigermaßen über Wasser, sodass Ihr das Landleben in Wandsbek genießen und viele Gäste empfangen konntet. Einiges von dem, was Euch in diesen Jahren familiär bewegte, lässt sich in Deinen Gedichten nachverfolgen: vor allem 1796 der Tod Deiner Tochter Christiane und 1797 Deine Silberhochzeit mit Rebecca.

Politisch warfen ab 1789 die Französische Revolution und dann von der Jahrhundertwende an die Feldzüge Napoleons ihre Schatten auf Dein Leben. Du hattest Dich in vielen Texten als Gegner des Krieges und Liebhaber des Friedens zu erkennen gegeben. Nun, in der Zeit der Napoleonischen Kriege, hingst Du irgendwo zwischen den Stühlen. In den 1810er Jahren schlug Dein Herz für die Befreier von der französischen Besatzung, auch wenn Du – wie Du sagtest – es ehrenvoller fandst, die Waffen wieder niederzulegen. Vor den Kriegswirren flohst Du 1813 mit Deiner Familie nach Kiel und dann nach Lübeck, kehrtest aber 1814 nach Wandsbek zurück und zogst dann wegen zunehmender Schwäche nach Hamburg an den Jungfernstieg ins Haus Deines Schwiegersohns, wo Du am 21. Januar 1815 Deine letzten Worte aushauchtest: »Helft mir Gottes Güte preisen. Gott seg . . .«.[11]

Dem Chor von grämlichen Stimmen, die mit Dir nichts anfangen konnten und können und Dich sogar eine »völlige Null« nannten,[12] steht ein großer Chor von Lesern entgegen, die Dich einen »Prediger Salomo seiner Zeit« nennen, »der Freude und Trauer, Geborgenheit und Einsamkeit, Lebensmut und Wissen um die Endlichkeit der irdischen Existenz auf seine ganz eigene Weise darzustellen wusste«.[13] Eine solche Widersprüchlichkeit der Urteile reizt mich natürlich ungeheuer, mich einfach einmal mit Dir auf eine Reise durch das Jahr zu begeben, um Dich aus der Nähe kennenzulernen. Höchst gespannt widmet sich deshalb jetzt zuerst einmal Deinen Gedichten über den Jahresanfang

Dein neugieriger Leser.

Ein Jahr mit Matthias Claudius

Neujahr und Winter

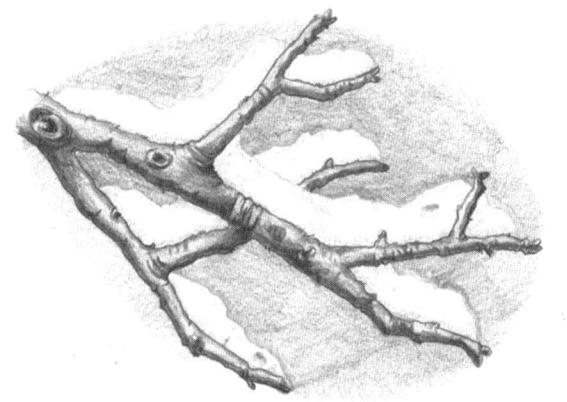

Mein Neujahrslied

Es war erst frühe Dämmerung
    Mit leisem Tagverkünden,
Und nur noch eben hell genung,
    Sich durch den Wald zu finden.

Der Morgenstern stand linker Hand,
    Ich aber ging und dachte
Im Eichtal an mein Vaterland,
    Dem er ein Neujahr brachte.

Auch dacht' ich weiter: »so, und so,
    Das Jahr ist nun vergangen,
Und du siehst, noch gesund und froh,
    Den schönen Stern dort prangen.

Der ihm dort so zu stehn gebot,
    Muß doch gern geben mögen!
Sein Stern, Sein Tal, Sein Morgenrot,
    Rund um mich her Sein Segen!

Und bald wird Seine Sonne hier
    Zum erstenmal aufgehen! –«
Das Herz im Leibe brannte mir,
    Ich mußte stille stehen

Und wankte wie ein Mensch im Traum,
    Wenn ihn Gesichte drängen,
Umarmte einen Eichenbaum
    Und blieb so an ihm hängen.

Auf einmal hört' ich's wie Gesang,
    Und glänzend stieg's hernieder
Und sprach mit hellem hohen Klang,
    Das Waldtal sprach es wieder:

Der alten Barden Vaterland!
    Und auch der alten Treue!
Dich, freies unbezwungnes Land
    Weiht Braga hier aufs Neue

Zur Ahnentugend wieder ein!
    Und Friede deinen Hütten,
Und deinem Volke Fröhlichsein,
    Und alte deutsche Sitten!

Die Männer sollen, jung und alt,
    Gut vaterländ'sch und tüchtig
Und bieder sein und kühn und kalt,
    Die Weiber keusch und züchtig!

Und deine Fürsten groß und gut!
    Und groß und gut die Fürsten,
Die Deutschen lieben und ihr Blut
    Nicht saugen, nicht Blut dürsten!

Gut sein! Gut sein! ist viel getan,
    Erobern, ist nur wenig;
Der König sei der bess're Mann,
    Sonst sei der bess're, König!

Dein Dichter soll nicht ewig Wein,
    Nicht ewig Amorn necken!
Die Barden müssen Männer sein,
    Und Weise sein, nicht Gecken!

Ihr Kraftgesang soll himmelan
    Mit Ungestüm sich reißen! –
Und du, Wandsbecker Leiermann,
    Sollst Freund und Vetter heißen![14]

Lieber Matthias,

ging es dir eigentlich damals auch so, dass Du Dich zum Jahreswechsel beim Datumschreiben immer ein paar Tage lang konzentrieren musstest, weil sich die alte Jahreszahl so gründlich im Denken eingenistet hatte? Vielleicht ziehst Du deshalb in diesem Gedicht einen deutlichen Schlussstrich: »So, und so, das Jahr ist nun vergangen.« Auch wir gönnen uns heute immer noch zu Neujahr einen intensiven Blick nach hinten und nach vorn. Geschäftsleute machen Inventur und setzen sich neue Ziele; Politiker fragen sich, warum dieses oder jenes Projekt nicht geklappt hat, und schmieden Strategien für den nächsten Wahlkampf; Normalbürger schwelgen in Erinnerungen und stricken an ihren ganz persönlichen Plänen für die nächsten zwölf Monate.

Du nimmst uns mit auf eine Wanderung am Neujahrsmorgen, bei der Du Bilanz ziehst, Deine Lage erkennst und Deine Zukunftsträume sortierst. Auch wir heute brauchen sie: die Gelegenheiten, um Dinge loszulassen, die uns möglicherweise auf Dauer blockieren. Und um den Blick für den Augenblick freizubekommen. Du schaust mit uns in diesem Augenblick auf den gütigen Gott, auf seinen Morgenstern, sein Tal, sein Morgenrot und empfindest alles, was Du siehst, als Segen. Wie in einem intensiven Traum merkst Du, dass dieser gütige Gott über den neuen Tag und das neue Jahr seine Sonne aufgehen lassen wird. (So überwältigt bist Du davon, dass Du schon mal einen Eichenbaum umarmst.) Gern folge ich Dir auf dieser Wanderung und bei diesen Gedanken, denn auch mir kommt ein neues Jahr manchmal wie ein neuer Tag vor, und der Anfang liegt zunächst noch in einem Halbdunkel, in dem mir die Orientierung schwerfällt.

Plötzlich geht es Dir aber gar nicht mehr um den Tag oder das Jahr, sondern um die Geschichte, und in Deinen Blick rücken nicht nur die persönlichen Erfolge und Pleiten, sondern auch die Tugenden und die Gefährdungen ganzer Generationen. Friede, Fröhlichkeit, Brauchtum, Liebe zum eigenen Land, Tüchtigkeit, Bescheidenheit, Kühnheit, Nüchternheit und Selbstbeherrschung sind Ziele, die weit über unsere kleinen persönlichen Jahresplanungen hinausreichen und die mit dem Wechsel der Jahre und Jahrhunderte nicht einfach veralten. Die Worte für diese Tugenden muten manche meiner Zeitgenossen heute vielleicht etwas antiquiert und sogar verdächtig an (denn allein schon der Begriff der »Vaterlandsliebe« ist im letzten Jahrhundert in elender Weise missbraucht worden), und kaum jemand weiß heute noch, dass die mythische Figur Braga für Weisheit, Dichtkunst und Gesang steht. Trotzdem höre ich Dir gern zu – der Blick auf die Beispiele der Vergangenheit macht uns ja möglicherweise ein wenig unabhängiger von den Moden der Gegenwart.

Man weiß von Dir, dass Du eine ausgeprägte Treue zu Monarchie und Aristokratie als Regierungsformen hattest – die Fürsten hattest Du am liebsten groß und gut –, aber das hält Dich nicht davon ab, den Herrschenden die Leviten zu lesen und sie an ihre Pflichten zu erinnern: Wenn der König nicht eine höhere Form von Menschlichkeit verkörpert als seine Untertanen, dann soll ihn ein besserer ersetzen. Diese Art von politischem Bewusstsein ist heute nicht weniger nötig als zu Deinen Zeiten. Bei uns sind viele Illustrierten immer noch voll von bewundernden oder zumindest faszinierten Reportagen über die Monarchieüberbleibsel unserer Tage, und viele meiner Zeitgenossen denken scheinbar immer noch, Details der Erbfolge machten jemanden zu einem besseren Menschen. Danke für die Erinnerung an andere Maßstäbe.

Danke auch für Deine abschließenden Bemerkungen zum Musikgeschäft, für die Empfehlung an die Textdichter, Sänger und Musiker, sich andere Themen einfallen zu lassen als Liebe und Alkohol und sich nicht wie die Gecken aufzuführen. Würdest Du heute leben, könntest Du es nicht treffender sagen. Die Eitelkeiten der Medienwelt und die Hohlheit vieler Liedtexte ziehen uns eher nach unten, als dass sie uns irgendwie dem Himmel näher bringen. Danke für diesen tröstlichen Hinweis darauf, dass Hirnlosigkeit nicht eine moderne Erfindung ist. Deinem Sohn Johannes hast Du einmal den Rat gegeben, durch beeindruckende

Kulissen hindurchzusehen: »Die Wolken haben nicht alle Wasser.«[15] Es ist schön, dass Du, der Wandsbecker Leierkastenmann, uns bis heute die Augen öffnest. Dafür dankt Dir

Dein auf das neue Jahr gespannter Leser.

No. 4. Billet doux von Görgel an seinen Herrn, den 10. Jan.

Es schneit noch immer, mein lieber Herr, als ob's gar nicht wieder aufhören wolle.

Was doch für eine Menge Schnee in der Welt ist! hier so viel Schnee! und in der Pfalz so viel! und in Amerika! und in der Tanne! – ich pflege denn so meinen Gang nach der Tanne zu haben, weiß Er wohl. Der große Wald ist von Natur mein Lustrevier, und die Tanne liegt mir so bequem, grade am Tor, und führt eine schöne lange Lindenallee dahin; denn sind auch immer so viele arme Leute darin, alt und jung, die Holz sammlen und auf dem Kopf zu Hause tragen; und das seh' ich so mit an und gehe meinen Gang hin. Seit der viele Schnee gefallen ist, fehlt mir aber meine Gesellschaft; die armen Leute können nicht zu, und ich kann denken, daß sie sowohl hier als überall, wo so viel Schnee liegt, bei der Kälte übel daran sind. Mein Herr hat gottlob einen warmen Rock und eine warme Stube, da merkt Er's nicht so, aber wenn man nichts in und um den Leib hat und denn kein Holz im Ofen ist, da friert's einen gewaltig.

Am Nordpol, hinter Frankfurt, soll Sommer und Winter hoch Schnee liegen, sagen die Gelehrten, und in den Hundstagen treiben da Eisschollen in der See, die so groß sind als die ganze Herrschaft Epstein, und tauen ewig nicht auf! und doch hat der liebe Gott allerlei Tiere da, und weiße Bären, die auf den Eisschollen herumgehen und guter Dinge sind, und große Walfische spielen in dem kalten Wasser und sind fröhlich. Ja, und auf der andern Seite unter der Linie, über Heidelberg hinaus, brennt die Sonne das ganze Jahr hindurch, daß man sich die Fußsohlen am Boden sengt. Und hier bei uns ist's bald Sommer und bald Winter. Nicht wahr, mein lieber Herr, das ist doch recht wunderbar! und der Mensch muß es sich heiß oder kalt um die Ohren wehen lassen und kann nichts davon noch dazu tun, er sei Fürst oder Knecht, Bauer oder Edelmann. Wenn ich das so bedenke, so fällt's mir immer ein, daß wir Menschen doch eigentlich nicht viel können, und daß wir nicht stolz und störrisch, sondern lieber hübsch bescheiden und demütig sein sollten. Sieht auch besser aus, und man kommt weiter damit.

Nun Gott befohlen, lieber Herr, und wenn Er 'n Stück Holz übrig hat, geb' Er's hin, und denk' Er, daß die armen Leute keine weiße Bären noch Walfische sind.

Sein Diener Görgel[16]

Lieber Matthias,

den Invaliden Görgel hast Du in der Zeit erfunden, als zu Deinen Aufgaben die Herausgabe und Gestaltung der *Hessen-Darmstädtischen privilegirten Land-Zeitung* gehörten und als Du gleichzeitig Mitglied der Invalidenkommission warst, die sich um gesundheitlich beeinträchtigte Menschen kümmerte. So naiv der alte Kriegsveteran sich in seinem *Billet doux*, seinem Liebesbrief, mit seinen geografischen Purzelbäumen auch gibt – er verschafft mir einen neuen Blick auf unsere Welt.

Darmstadt, zwischen Frankfurt und Heidelberg gelegen, wird für Görgel zum Zentrum der Welt. Nach seiner provinziellen Logik liegt es zwischen dem Nordpol und dem Äquator – was man wahrlich nicht bestreiten kann. Es wird aber auch zu einem Ort, an dem man Sommerhitze und die Winterkälte abwechselnd erleben kann. Der Winterwanderer sieht die Ferne und die Nähe auf einmal: Die Tanne vor ihm ist nicht näher und bedeutender als Amerika – und umgekehrt. Die Eisschollen am Nordpol sind dafür so groß wie eine deutsche Grafschaft. Hier tippt sich die Geografie leise an die Stirn.

Aber in das zum Schwärmen verlockende idyllische Bild des verschneiten Waldes mischt Dein Görgel seine Erinnerung an die armen Menschen, die im Frühjahr, im Sommer und im Herbst dort Holz gesammelt haben, und auf einmal lässt ihn das »Lustrevier« an die Bedürftigkeit anderer Menschen denken. Ohne erhobenen Zeigefinger machst Du den Schneegenießer Görgel zum Mahner: Die Edlen und die Reichen haben es gut, und die armen Leute haben es schlecht. Was hat sich daran eigentlich geändert? Heute mag die Tatsache einer aristokratischen Abstammung keine große Rolle mehr spielen, aber dass die Reichen immer reicher und die Armen immer ärmer werden, ist ja nicht nur mit statistischen Händen zu greifen.

Und womit haben wir Heutigen es uns verdient, dass wir in Zentraleuropa deutlich zu den Gewinnern und den Reichen dieser Erde gehören (auch wenn wir als Einzelne vielleicht unsere Einkünfte für bescheiden halten)? Kann sich irgendjemand von uns etwas darauf einbilden, nicht am Äquator geboren worden zu sein? Dort würde er zu den Verlierern des globalen Wettbewerbs gehören und hätte mit großer Wahrscheinlichkeit gar nicht die Chance, sich von den Ketten der wirtschaftlichen Abhängigkeit zu befreien. Nein, es sollte uns eher demütig und dankbar machen, und wir sollten uns möglichst oft daran erinnern, was Dein Görgel seinem adligen Herrn schrieb: ». . . und wenn Er 'n Stück Holz übrig hat, geb' Er's hin.« Bestell Deinem Görgel einen schönen Gruß und sag ihm, dass seine Botschaft angekommen ist –

bei seinem nachdenklichen Leser.

Ein Lied

hinterm Ofen zu singen

Der Winter ist ein rechter Mann,
    Kernfest und auf die Dauer;
Sein Fleisch fühlt sich wie Eisen an,
    Und scheut nicht süß noch sauer.

War je ein Mann gesund, ist er's!
    Er krankt und kränkelt nimmer,
Weiß nichts von Nachtschweiß noch Vapeurs,
    Und schläft im kalten Zimmer.

Er zieht sein Hemd im Freien an
    Und läßt's vorher nicht wärmen;
Und spottet über Fluß im Zahn
    Und Kolik in Gedärmen.

Aus Blumen und aus Vogelsang
    Weiß er sich nichts zu machen,
Haßt warmen Drang und warmen Klang
    Und alle warme Sachen.

Doch wenn die Füchse bellen sehr,
   Wenn's Holz im Ofen knittert,
Und um den Ofen Knecht und Herr
   Die Hände reibt und zittert;

Wenn Stein und Bein vor Frost zerbricht,
   Und Teich' und Seen krachen;
Das klingt ihm gut, das haßt er nicht,
   Denn will er sich tot lachen. –

Sein Schloß von Eis liegt ganz hinaus
   Beim Nordpol an dem Strande;
Doch hat er auch ein Sommerhaus
   Im lieben Schweizerlande.

Da ist er denn bald dort, bald hier,
   Gut Regiment zu führen.
Und wenn er durchzieht, stehen wir
   Und sehn ihn an und frieren.[17]

Lieber Matthias,

bei Euch damals mag es anders gewesen sein, aber bei uns heute meckern alle über das Wetter. Man müsste einmal statistisch festhalten, wie oft bei uns in den Wetternachrichten die Phrase »für die Jahreszeit zu …« auftaucht. Einmal ist es uns zu kühl, ein andermal zu warm und dann wieder zu nass. Selbst winzige Abweichungen vom langjährigen Mittel werden zum Anlass für eine kosmische Beschwerde.

In Deinem Lied klingt die Rede vom Wetter völlig anders. Hier ist nicht nur der Winter noch ein richtiger Winter – hier wird er als solcher wahrgenommen und bei aller körperlichen Anfechtung auch angenommen. Ich höre förmlich, wie das Eis auf den Pfützen unter den Füßen kracht, wenn ich Deine Beschreibung des Winters lese. Alles Weiche wird hart im Winter – aus biegsamen Zweigen werden störrische Stöcke, aus elastischem Waldboden wird brettharter Untergrund, und die eigenen Glieder fühlen sich an, als wären sie aus Metall.

Wenn man sich mit den ersten Frösten so gründlich erkältet hat, dass man das Bett hüten muss, tendiert man dazu, die Welt in »krank« und »nicht krank« einzuteilen. Je elender man sich fühlt, desto gesünder scheint der Rest der Welt zu sein. Der personifizierte Winter kennt nicht unsere Beschwerden, leidet nicht unter unseren Erkältungssymptomen. Wer dieses Gedicht als Grippekranker liest, kann sich vielleicht im Augenblick nicht für die Stärke und die Dauer der kalten Jahreszeit erwärmen, aber er muss hustend und schnupfend zugestehen, dass man auch für den kerngesunden Winter schwärmen kann.

Woher kommt der moderne Hang zur ständigen Wetternörgelei? Ist es vielleicht die Enttäuschung darüber, dass wir trotz hoch entwickelter Technik immer wieder Dürreperioden, Flutkatastrophen und verheerende Orkane erleben? Die heimliche Einsicht, dass es mit Klima und Wetter eben doch noch Dinge gibt, die wir nicht im Griff haben und beliebig beeinflussen können?

Tatsächlich beeinflussen wir das Klima – aber zum allergrößten Teil unbewusst. Wir verändern es durch unseren Lebensstil in Richtungen, die uns hinterher leidtun. Erst wenn wir Temperaturen und Wind und Niederschlag eine (unserer Meinung nach) positive Richtung geben wollen, merken wir, dass das an den widerstreitenden Interessen von Milliarden Menschen scheitert. Und so stehen wir vielen der Schöpfungsgewalten schlicht ohnmächtig gegenüber.

Man kann natürlich fragen, ob sich Dein Text angesichts der globalen Erwärmung nicht überlebt hat. Gibt es überhaupt in unseren Breiten noch solche kernfesten Winter? Zumindest mag er uns an die Zeiten erinnern, in denen wirtschaftliche Gier und menschlicher Größenwahn den Planeten noch nicht nachhaltig geschädigt hatten – Zeiten, in denen Gottes Schöpfungsordnung und seine Zusage noch erfahrbar waren: »Solange die Erde steht, soll nicht aufhören Saat und Ernte, Frost und Hitze, Sommer und Winter, Tag und Nacht« (1. Mose 8:22).

Du führst uns hier ein schönes Stück menschliche Selbstbescheidung gegenüber der übrigen Schöpfung vor. Wir Menschen haben im Angesicht der Naturgewalten eben nicht alles im Griff, sondern müssen anerkennen, dass die Jahreszeiten anscheinend andere Vorlieben haben als wir. Während der Winter tut, was er will, bleibt uns der Platz nebenan, von dem aus wir ihm nur frierend und tatenlos zusehen können, während er von seinem Eispalast am Nordpol bis in sein Schweizer Sommerhaus zieht. Oder es treibt uns die Kälte gleich hinter den Ofen. Wo wir vom Winter ein Liedchen singen können. Es grüßt Dich von dort

Dein leise mit den Zähnen klappernder Leser.

Frühling

Osterlied

Melodie: Lobt Gott ihr Christen allzugleich etc.

Das Grab ist leer, das Grab ist leer!
  Erstanden ist der Held!
Das Leben ist des Todes Herr,
  Gerettet ist die Welt!
  Gerettet ist die Welt!

Die Schriftgelehrten hatten's Müh'
  Und wollten Weise sein;
Sie hüteten das Grab, und sie
  Versiegelten den Stein,
  Versiegelten den Stein.

Doch ihre Weisheit, ihre List
  Zu Spott' und Schande ward;
Denn Gottes Weisheit höher ist,
  Und einer andern Art,
  Und einer andern Art.

Sie kannten nicht den Weg, den Gott
  In seinen Werken geht;
Und daß nach Marter und nach Tod
  Das Leben aufersteht,
  Das Leben aufersteht.

Gott gab der Welt, wie Moses lehrt,
    Im Paradies sein Wort;
Und seitdem ging es ungestört
    Im Stillen heimlich fort,
    Im Stillen heimlich fort.

Bis daß die Zeit erfüllet war
    – Die Himmel fei'rten schon –
Da kam's zu Tage, da gebar
    Die Jungfrau ihren Sohn,
    Die Jungfrau ihren Sohn.

Den Seligmacher – – Hoch und hehr
    Und Gottes Wesens voll,
Ging er in Knechtsgestalt einher,
    Tat Wunder und tat wohl,
    Tat Wunder und tat wohl.

Und ward verachtet und verkannt,
    Gemartert und verklagt
Und starb am Kreuz durch Menschenhand;
    Wie er vorhergesagt,
    Wie er vorhergesagt;

Und ward begraben und beweint,
    Als sei er tot, allein
Er lebt, nun Gott und Mensch vereint,
    Und alle Macht ist sein,
    Und alle Macht ist sein.

Halleluja! das Grab ist leer!
    Gerettet ist die Welt,
Das Leben ist des Todes Herr!
    Erstanden ist der Held!
    Erstanden ist der Held.[18]

Lieber Matthias,

gern hätte ich in der Osternacht einmal mit Dir den Osterruf getauscht: »Der Herr ist auferstanden!« – »Er ist wahrhaftig auferstanden!« Was brauchen wir am Fest der Auferstehung noch mehr, wenn wir einander diesen frühchristlichen Gruß mit der besten Nachricht der Welt zurufen können? Frage und Antwort bringen auf den Punkt, was unser Leben völlig verändern kann. Aber obwohl wir beide das nur aus der zeitlichen Entfernung tun können, sind wir uns in der Sache ganz bestimmt einig.

Das ist überhaupt nicht selbstverständlich, denn viele Menschen können mit dem Bericht von der Auferstehung des Jesus von Nazareth nichts anfangen. Als zum Beispiel Paulus in Athen davon erzählte, gab es drei Reaktionen: Die einen spotteten, die anderen hatten keine Lust, sich festzulegen, und eine dritte Gruppe begann daran zu glauben (Apostelgeschichte 17:32-33). Bis heute wird als Grund für eine Leugnung der Auferstehung meist der gesunde Menschenverstand ins Feld geführt, der sich so etwas einfach nicht vorstellen kann. Aber wie sagst Du so schön in Deinem Osterlied: Gottes Weisheit ist höher und von anderer Art als menschliche Klugheit.

Das lässt sich an dem Denken der jüdischen Führung ablesen, die nach dem Tod Jesu alles versuchte, um ihn im Grab einzusperren. Aber ihre Schläue war keine wirkliche Weisheit. Das Grab zu versiegeln und bewachen zu lassen, war vielleicht eine sicherheitstaktisch empfehlenswerte Maßnahme, doch sie ließ eines außer Acht: Gott hat eine völlig andere Sicht auf die Wirklichkeit, und er hat unbegrenzte Möglichkeiten. Hätten sie bedacht, wie bereits in der Schöpfungsordnung Leben, Sterben und Auferstehen zusammenhängen, hätten sie nicht versucht, die Auferstehung zu verhindern. Sie dachten wohl nicht an das sterbende Weizenkorn, von dem Jesus redete, als er seinen Nachfolgern sein Leiden ankündigte: »Wenn das Weizenkorn nicht in die Erde fällt und stirbt, bleibt es allein; wenn es aber stirbt, bringt es viel Frucht« (Johannes 12:24).

Um mir das klarzumachen, malt Dein Osterlied in ein paar Pinselstrichen die Geschichte Gottes mit seiner Welt. Zu Beginn der Schöpfung spricht er sein »Es werde« und erschafft damit alles, was diese Welt ausmacht. Dadurch, dass sie sich von Gott lossagten, haben Menschen dieses Reden Gottes aus ihrem Leben ausgeblendet. Aber Gottes Wort lässt sich nicht einfach vergraben; es wächst still weiter. (So beschreibt es Jesus ja schon, wenn er von der wachsenden Getreidesaat spricht [Markus 4:26-29].) In Jesus kommt das Wort Gottes wieder neu zur Welt, und die Himmel feiern: Die himmlischen Heerscharen sangen laut, als in Bethlehem das Kind geboren wurde.

Das alles hätte ich mir gleich beim Lesen Deiner schönen musikalischen Anweisung zu Beginn des Liedes denken können: »Melodie: Lobt Gott ihr Christen allzugleich etc.« Damit hast Du viel mehr als eine technische Ansage gemacht, denn durch die Wahl einer weihnachtlichen Melodie für Deinen Osterjubel zeigst Du, wie bei Gott zusammenpasst, was menschlich so verschieden scheint. Weihnachten ist Weihnachten und Ostern ist Ostern, denken wir – und doch sind diese beiden Ereignisse Daten in ein und demselben Leben. Ohne die Geburt Jesu, der als »wahr Mensch und wahrer Gott« auf dieser Erde lebte, gäbe es kein Ostern. Und ohne die Auferstehung Jesu von den Toten wäre die Geburt des Kindes in Bethlehem nur eine unter zahllosen Geburten der Weltgeschichte.

Die höhere Weisheit Gottes zeigt sich aber vor allem darin, dass der göttliche Jesus in Knechtsgestalt auf der Erde lebte, Menschen wohltat und für uns litt und starb. Nicht durch eine von vielen erwartete politische Befreiungstat wurde er zum »Seligmacher«, sondern dadurch, dass er sich für uns verachten, verkennen, martern und verklagen ließ. Dass eine absolute Machtlosigkeit in eine absolute Allmacht verwandelt werden kann, ist etwas, woran sich menschliche Weisheit bis heute die Zähne ausbeißt.

Ein paar Jahre, bevor Du uns Dein Osterlied schenktest, schrieb Benjamin Franklin den berühmten Satz: »In dieser Welt kann nichts als sicher bezeichnet werden außer Tod und Steuern.«[19] Das war menschliche Weisheit. Gottes Weisheit kennt eine andere Sicherheit:

»Das Leben ist des Todes Herr!« Danke für diese Zusicherung. Mit Dir freut sich

Dein österlich jubelnder Leser.

Der Frühling. Am ersten Maimorgen

Der Gr. A. L. – g.[20]

Heute will ich fröhlich, fröhlich sein,
    Keine Weis' und keine Sitte hören;
Will mich wälzen und für Freude schrein,
    Und der König soll mir das nicht wehren;
Denn er kommt mit seiner Freuden Schar
    Heute aus der Morgenröte Hallen,
Einen Blumenkranz um Brust und Haar
    Und auf seiner Schulter Nachtigallen;
Und sein Antlitz ist ihm rot und weiß,
    Und er träuft von Tau und Duft und Segen –
Ha! mein Thyrsus sei ein Knospenreis,
Und so tauml' ich meinem Freund entgegen.

Lieber Matthias,

diese Frühlingstage kenne ich auch: An denen kann man gar nicht anders, als fröhlich zu sein. Es gibt sogar Menschen wie Dich, die »fröhlich, fröhlich« sind – so fröhlich, dass sie auf die Stimme der Klugen und auf die Mahnungen von Etikette und Sitte nicht hören mögen, dass sie sich am liebsten am Boden wälzen und vor Vergnügen schreien möchten. Wem das doch ein bisschen zu übertrieben vorkommt, der hat wohl noch nicht zugeschaut, wie die Sonne am 1. Mai aufging, hat noch nie die Fülle der Blumen gesehen und gerochen, die um diese Jahreszeit blühen, und hat noch nie mit beiden Ohren den Gesang der Vögel gehört – live und in Stereo. (Ich hoffe, Du kannst Deinem Zeitgenossen Franz Schubert verzeihen. Repräsentativ für alle, denen »fröhlich, fröhlich« zu viel ist, fand er, als er Dein Frühlingsgedicht vertonte, eine solche Entfesselung nicht passend und ließ die Sänger einfach singen: »Heute will ich fröhlich sein.« Seit knapp zweihundert Jahren nur eine halbe Dosis von Deiner Fröhlichkeit …)

So überschäumend ist jedenfalls Deine Freude, dass Du sie Dir von niemandem verbieten lassen willst – weder von Vernunft noch von Tradition noch von politischer Autorität. Ich weiß ja nicht, ob Dein dänischer König Dir damals wirklich den Genuss des Frühlingsmorgens hätte verbieten wollen. Warum hätte er das tun sollen? Vielleicht übertreibst Du hier ein bisschen.

Auf der anderen Seite lebe ja auch ich in einer Zeit mit völlig undurchsichtigen politischen Verordnungen. Da kann ich mir gut vorstellen, dass von einer lebensfernen Verwaltung ein Gesetz verabschiedet wird, mit dem die Frühlingsfreude normiert wird: »Das Wälzen auf dem Boden ist erst statthaft, wenn die tägliche Durchschnittstemperatur mindestens 18,3 Grad Celsius beträgt und 65 Prozent der ortsüblichen Nutz- und Zierpflanzen zur Blüte gekommen sind. Geschrei (von maximal 80 Dezibel) ist lediglich in den Stunden außerhalb der Mittags- und Nachtruheregelungen zulässig, sofern nicht die von den Landesämtern für Haus- und Gartenakustik erlassenen Emissionsbeschränkungen zur Anwendung gelangen.« Nein, ich schlage mich auf Deine Seite: Sollten sich Bürokraten westlich unseres Landes jemals so etwas einfallen lassen, werde auch ich mir die Freude an der Schöpfung nicht durch ihre Paragrafen verbieten lassen.

Wie soll ich mir Deinen Frühling vorstellen? Vor meine Augen malst Du das Bild des griechischen Gottes Bacchus, wie er in der Antike beschrieben wurde: Um den Kopf gewunden trug er einen Blumen- oder Weinlaubkranz; in der Hand hielten er und sein Gefolge einen Thyrsus, einen Stängel des Riesenfenchels, oft mit Efeu oder Weinlaub dekoriert. Rauschende Feste feierten die Menschen in dem Kult um Bacchus – da floss der Alkohol reichlich und die Sitten waren überaus locker. Aber wer im Anblick des Frühlings »fröhlich, fröhlich« ist, hat keine Gelage nötig. Der muss seine Freude nicht zum Kult erheben, der bindet sich ein einfaches Knospenreis vom Baum nebenan um den Kopf und berauscht sich an Farben statt am Alkohol und anderen Drogen, schwelgt im Gesang der Nachtigallen statt in Partymusik und empfindet Tau und Duft einfach als Segensgeschenke Gottes. Und weil gerade heute so ein Tag vor dem Fenster stattfindet, laufe ich jetzt hinaus und taumele ein wenig mit Dir durch den Garten. Mit schon leicht berauschten Grüßen –

Dein frühlingsfröhlicher Leser.

Frau Rebekka mit den Kindern

an einem Mai-Morgen

Kommt Kinder, wischt die Augen aus,
    Es gibt hier was zu sehen;
Und ruft den Vater auch heraus ...
    Die Sonne will aufgehen! –

Wie ist sie doch in ihrem Lauf
    So unverzagt und munter!
Geht alle Morgen richtig auf
    Und alle Abend unter!

Geht immer und scheint weit und breit
    In Schweden und in Schwaben,
Dann kalt, dann warm, zu seiner Zeit,
    Wie wir es nötig haben.

Von ohngefähr kann das nicht sein,
    Das könnt Ihr wohl gedenken;
Der Wagen da geht nicht allein,
    Ihr müßt ihn ziehn und lenken.

So hat die Sonne nicht Verstand,
    Weiß nicht, was sich gebühret;
Drum muß wer sein, der an der Hand
    Als wie ein Lamm sie führet.

Und der hat Gutes nur im Sinn,
    Das kann man bald verstehen:
Er schüttet seine Wohltat hin
    Und lässet sich nicht sehen;

Und hilft und segnet für und für,
    Gibt jedem seine Freude,
Gibt uns den Garten vor der Tür
    Und unsrer Kuh die Weide;

Und hält Euch Morgenbrot bereit
    Und läßt Euch Blumen pflücken
Und stehet, wenn und wo Ihr seid,
    Euch heimlich hinterm Rücken,

Sieht alles, was Ihr tut und denkt,
    Hält Euch in seiner Pflege,
Weiß, was Euch freut und was Euch kränkt,
    Und liebt Euch alle Wege.

Das Sternenheer hoch in der Höh',
   Die Sonne, die dort glänzet,
Das Morgenrot, der Silbersee
   Mit Busch und Wald umkränzet,

Dies Veilchen, dieser Blütenbaum,
   Der seine Arm' ausstrecket,
Sind, Kinder! »seines Kleides Saum«,
   Das ihn vor uns bedecket;

Ein »Herold«, der uns weit und breit
   Von ihm erzähl' und lehre;
Der »Spiegel seiner Herrlichkeit«;
   Der »Tempel seiner Ehre«,

Ein mannigfaltig groß Gebäu,
   Durch Meisterhand vereinet,
Wo seine Lieb' und seine Treu'
   Uns durch die Fenster scheinet.

Er selbst wohnt unerkannt darin,
   Und ist schwer zu ergründen.
Seid fromm und sucht von Herzen ihn,
   Ob Ihr ihn möchtet finden.[21]

Lieber Matthias,

Deine Frau hat völlig recht: Was wir mit den Augen sehen, ist nicht alles. Aber sie ruft dennoch Eure Kinder frühmorgens vor die Tür, um sich die noch schlaftrunkenen Augen zu wischen. Das zu bewundernde Schauspiel ist der Lauf der Sonne, die unabhängig von der geografischen Lage und der Jahreszeit die Strecke vom Morgen zum Abend zurücklegt und den Menschen das bringt, was sie brauchen.

Unabhängig? Ist die Sonne wirklich die letzte tonangebende, wegweisende, zeiteinteilende, lebenspendende Instanz? Bewegt sie wirklich alles, was sich hier bewegt? Lockt sie allein uns morgens vor die Tür und schickt sie uns abends wieder in den Schutz der eigenen vier Wände? Nein – auch wenn unsere Erde sich um sie dreht, dreht sich nicht alles um die Sonne. Sie selbst ist nicht der Mittelpunkt, sondern – wie wir heute wissen – nur Teil einer Galaxie, die unter ungezählten anderen Galaxien irgendwo am Rande des Kosmos rangiert. So viel astronomisches Wissen konntest Du vor der Erfindung von Hochleistungsteleskopen, Satelliten und Raumfahrzeugen nicht haben, aber Du entzauberst die Sonne auf Deine Weise. Sie ist kein *Perpetuum mobile* mit unbegrenzter und ewiger Energie; sie selbst wird bewegt von einer unsichtbaren Hand. Wie ein Fahrzeug angetrieben, geschoben oder gezogen werden muss, erhält sie Kraft und Richtung von einer unsichtbaren Intelligenz.

Weil uns unsichtbare Instanzen gewöhnlich unheimlich sind, tut es gut zu wissen, dass der Kraftspender und der Lenker hinter der Sonne es gut mit dieser Welt und mit uns Menschen meint. Gott »lässet sich nicht sehen« und ist doch zu spüren in seiner verschwenderischen Güte, sagst Du. Man muss nur mit den Augen des Herzens hinsehen. Schon im 15. Jahrhundert meinte Thomas von Kempen: »Besser ein bescheidener Bauer, der seinen Gott liebt, als ein stolzer Philosoph, der den Weg des Lebens nicht kennt und dafür den Lauf der Sterne mißt.«[22]

Gott ist der Ernährer für Tier und Mensch, Versorger ist er für Leib und Seele, und Achtgeber auf die winzigsten und die riesigsten Dinge unseres Alltags. Von ihm kommt das Brot für das menschliche Frühstück und das Gras für die tierische Weidemahlzeit. Von ihm kommen auch die Wohltaten für die Seele: die Anblicke der nächtlichen Sterne, der aufgehenden Sonne, des silbern glänzenden Sees, des Waldes und seiner Bäume und der Duft der Blumen. Alles das sind Fenster des großen Schöpfungsgebäudes, durch die seine Güte scheint – danke für dieses wunderschöne Bild.

Natürlich würden wir uns alle wünschen, Gott selbst mit unseren Augen zu sehen. Aber die Unsichtbarkeit Gottes ist für Deine Frau (und sicher auch für Dich) nicht etwa eine Beschwerde wert, sondern ein zusätzlicher Grund dafür, dankbar zu sein. Es gibt Wohltäter, die zwar anderen Gutes tun, dann aber so aufdringlich auf ihre Wohltaten hinweisen und sich feiern lassen, dass es nur peinlich ist. Gott ist da ganz anders: Er schüttet seine Wohltat hin und lässt sich nicht sehen. Er stärkt uns Tag und Nacht den Rücken, aber er tut es heimlich. Das ist wahre Größe, und über die kann ich nur mit Dir staunen.

Dieses Staunen fällt uns ja deshalb oft schwer, weil unsere Sinne die liebevolle Meisterhand Gottes nicht erkennen. Deine Rebecca gibt ehrlich zu, dass er »schwer zu ergründen« ist und dass eure Kinder ihn »von Herzen« suchen müssen. Ich werde mir das als guten Rat von Euch Mitchristen merken und bin froh, dass Ihr nicht zu denen gehört, die vor der Verborgenheit Gottes einfach die Augen verschließen und mit vielen Worten so tun, als wären sie schon im Himmel. Wie hast Du Deinem Sohn Johannes so schön geschrieben: »Nicht die frömmelnden, aber die frommen Menschen achte und gehe ihnen nach. Ein Mensch, der wahre Gottesfurcht im Herzen hat, ist wie die Sonne, die da scheinet und wärmt, wenn sie auch nicht redet.«[23] Danke, dass Ihr einfach fromm gewesen seid.

Über dem Lesen und Briefschreiben habe ich Hunger bekommen. Deine Frau und Du werden Verständnis dafür haben. Es grüßt die gastfreundliche Familie

Dein in sein Morgenbrot beißender Leser.

Im Junius

Aber die Lenzgestalt der Natur ist doch wunderschön; wenn der Dornstrauch blüht und die Erde mit Gras und Blumen pranget! So 'n heller Dezembertag ist auch wohl schön und dankenswert, wenn Berg und Tal in Schnee gekleidet sind und uns Boten in der Morgenstunde der Bart bereift; aber die Lenzgestalt der Natur ist doch wunderschön! Und der Wald hat Blätter, und der Vogel singt, und die Saat schießt Ähren, und dort hängt die Wolke mit dem Bogen vom Himmel, und der fruchtbare Regen rauscht herab –

Wach auf mein Herz und singe
Dem Schöpfer aller Dinge –

's ist, als ob Er vorüber wandle, und die Natur habe Sein Kommen von ferne gefühlt und stehe bescheiden am Weg' in ihrem Feierkleid und frohlocke![24]

Lieber Matthias,

gibt es eine »schönste Jahreszeit«? Die Antwort fällt wohl je nach Temperament des Gefragten unterschiedlich aus. Manche mögens kalt und andere mögens heiß. Manche mögens weiß und andere mögens grün. Und manche, wie Du und auch ich, können sich kaum entscheiden.

Ich kann das gut nachvollziehen. Eines meiner frühen Liebeslieder – aus der Zeit, in der ich alle paar Wochen per Zug für ein paar Tage meine Liebste in Berlin besuchte – beschreibt, wie sehr ich mir oft im Winter den Sommer und im Sommer den Winter gewünscht habe:

Manchmal im Sommer (1975)

Manchmal im Sommer, wenn über den Dächern
die Luft in der Sonne zu zittern beginnt
und wenn aus tausend geöffneten Fenstern
der gleiche Strom von Akkorden rinnt;
wenn jener Geruch von Asphalt und Jasmin
in den stillen Straßen der Vorstadt hängt
und wenn auf jedem grünenden Flecken
eine lärmende Traube von Menschen sich drängt –
dann träum ich vom Winter und denk an die Zeit,
wenn die Luft wieder klar ist und die Stadt liegt
    verschneit.

Manchmal im Winter, wenn mich in den Straßen
der Frost in die Taschen des Mantels beißt
und wenn mein Atem mir wie eine Wolke
den Weg durch den Schnee und die Eisblumen weist;
und wenn an anderen, trüberen Tagen
meine Jacke sich gierig voll Nebel saugt,
als sei sie vom Sommer noch durstig, als hätten
die Stürme des Herbstes sie ausgelaugt –
dann träum ich vom Sommer und singe ein Lied
von der Zeit, wenn der Busch vor dem Haus wieder
   blüht.

Sommer und Winter – ich freu mich auf beide,
wenn ich nur weiß: du teilst sie mit mir.
Kann ich den Winter im Sommer nicht haben,
hab ich doch Sommer und Winter in dir:
Wärme des Sommers und blühende Fluren,
ein Lachen, dass es mir das Denken verschlägt;
Kühle des Winters und Schnee ohne Spuren
und Eis, das an neue Ufer mich trägt.
Und ich hör auf zu träumen von dem, was nicht ist,
und hab Zeit, mich zu freuen, dass du bei mir bist.[25]

Genau diesen Zwiespalt kennst Du, der Wandsbecker Bote, auch. Der Winter hat ganz sicher seine
erstrebenswerten Seiten, sagst Du, und meinst damit
wohl genau die Schneeromantik, die heute ab Anfang

Dezember in jeder Wettersendung die ewig neue Frage nach der »weißen Weihnacht« hervorbringt (so als gäbe es an Weihnachten kein wichtigeres Anliegen). Und wenn im Hintergrund dann noch Bing Crosby »I'm Dreaming of a White Christmas« säuselt, hat die ganze Nation nichts anderes mehr im Kopf als das begehrte Schneetief kurz vor dem 24. 12. Aber Bing Crosby kannst Du ja gar nicht kennen. Und um den heutigen Weiße-Weihnachtskult geht es in Deinem Gedicht auch gar nicht. Du nennst diese Jahreszeit einfach »dankenswert« – und sicher meinst Du damit den Dank an den Schöpfer.

Es geht Dir eigentlich um den Frühling. Zum Danken ist für Dich der wunderschöne Frühling oder »Lenz« (was sprachgeschichtlich ja die Zeit der länger werdenden Tage bezeichnet) mit seinen Blüten und Blumen, seinen Blättern und seinem Vogelgezwitscher, mit seinem Regen und seinem Regenbogen. Der bringt Dir Paul Gerhardts Morgenchoral »Wach auf, mein Herz, und singe« in Erinnerung, und der wiederum weist hin auf Gott, den Schöpfer aller Dinge und den Geber aller Gaben. Dieser Schöpfer »wandelt vorüber«, und seine unsichtbare Nähe bringt die Schöpfung zum Lächeln.

Ein so inniges Bild sollte man gar nicht weiter kommentieren. Lieber lasse ich mich von Dir mit hineinnehmen in diesen Junitag, ziehe meinem Herzen das

Feierkleid an und warte bescheiden darauf, heute das Kommen Gottes von ferne zu fühlen. Es grüßt Dich frühlingshaft

Dein schon leise frohlockender Leser.

Sommer

An eine Quelle

Du kleine, grünumwachs'ne Quelle,
    An der ich Daphne jüngst gesehn!
Dein Wasser war so still! so helle!
    Und Daphne's Bild darin, so schön!
O, wenn sie sich noch 'mal am Ufer sehen läßt,
So halte du ihr schönes Bild doch fest;
Ich schleiche heimlich denn mit nassen Augen hin,
    Dem Bilde meine Not zu klagen;
Denn, wenn ich bei ihr selber bin,
Denn, ach! denn kann ich ihr nichts sagen.[26]

Lieber Matthias,

einen warmen Sommernachmittag malst Du mir hier
vor die Augen. Ein junger Mann erinnert sich daran,
wie er vor Kurzem auf der glatten Oberfläche eines
kleinen Wasserbeckens das Spiegelbild seiner Ange-
beteten gesehen hat. So still und hell, wie das Wasser
gerade ist, hat es damals den vollkommenen Rahmen
für Daphnes wunderbares Gesicht geboten. Natürliche
und menschliche Schönheit waren an jenem wie an
diesem Nachmittag in einem traumhaften Einklang.
So müsste jeder Sommertag sein, denke ich.

Aber ist das vielleicht gar nicht nur ein Gedicht
über eine verträumte Stunde an einer grünumwachs-
nen Quelle? Ist es möglicherweise viel mehr als ein
Sommergedicht? Ja – Du, der menschenweise Dichter,
gönnst mir damit auch einen Blick hinter die seeli-
sche Kulisse eines Verliebten. Eigentlich geht es Dir
hier um die Gefühle des schüchternen jungen Mannes,
der schlicht Angst davor hat, seiner Liebsten ins Angesicht zu sagen, was er für sie fühlt. Der Kloß im Hals ist
zu mächtig, der Verdacht, er rede nur Unsinn, zu stark.
Was, wenn sie ihn auslacht? Was, wenn sie ein völlig
anderes Idealbild von einem Mann hat? Was, wenn sie
sich angebaggert fühlt (verzeih dieses Wort, das erst
lange nach Dir erfunden worden ist)? Da er in ihrer
Gegenwart viel zu viele Hemmungen hat, erträumt er
sich die Gelegenheit – einen heimlichen Besuch mit

nassen Augen, bei dem er sich wenigstens dem virtuellen Bild seiner Daphne anvertrauen kann. Das alles sind Gefühle, die nicht nur zu Deiner Zeit existierten. Selbst in dem heutigen Klima der gesellschaftlichen Offenheit werden verliebte Menschen davon beschlichen.

In meinem Jahrhundert, muss ich Dir sagen, bekommen ein junger Mann und ein junges Mädchen tausendmal so viele Anschauungsexemplare des anderen Geschlechts zu Gesicht wie zu Deiner Zeit: Viel mehr Frauen, als er im wirklichen Leben je treffen kann, sieht er im Fernsehen. Viel mehr Männer, als sie je kennenlernen kann, begegnen ihr in den Zeitungen und im Internet. Und sie sind alle verschieden. Welche passt zu ihm? Welcher passt zu ihr? Wer wird ihre Zuneigung erwidern?

Man fragt sich natürlich unwillkürlich, ob das Leben und Lieben für junge Leute Deiner Generation leichter war als für Jugendliche von heute. Aber was Dein junger Mann empfindet, unterscheidet sich ja nicht wesentlich von den virtuellen Liebesbeziehungen Tausender Jugendlicher von heute. Ich wette, Du wusstest nicht, als Du dieses Gedicht schriebst, dass es etwas ausdrückt, was französische Philosophen meiner Gegenwart erst entdeckt zu haben meinen. Die reden nämlich auch von solchen Traumbildern – von Einbildungen, die so wirklich scheinen, dass sie die Stelle der Wirklichkeit einnehmen, von Kopien ohne Original, von angeblich authentischen Objekten, die in Wirklichkeit künstlich hergestellt sind.

Um die Schwierigkeiten Deines jungen Mannes zu schildern, würde ein Autor meines ziemlich poesielosen Jahrhunderts vermutlich eher eine theoretische Abhandlung über »Kommunikationsstörungen in der Adoleszenz« verfassen. Über »psychische Projektionsflächen« und »emotionale Abwehrmechanismen«. Dir genügt ein kleiner erdachter Dialog, um mich in die Gedankenwelt von Menschen mitzunehmen, die sich nicht trauen, einem anderen Menschen ihre Zuneigung zu gestehen. Du machst Deinen jungen Mann nicht lächerlich, aber Du zauberst mir ein kleines Lächeln aufs Gesicht. Dafür dankt Dir herzlich

Dein an seine eigenen Hemmungen erinnerter Leser.

Der Philosoph und die Sonne

DER PHILOSOPH:

Du edler Stern am hohen Himmelszelt,
    Du Herr und König deiner Brüder!
Du bist so gut gesinnt – du wärmest uns die Welt
Und schmückst mit Blumen uns das Feld
    Und machst den Bäumen Laub, den Vögeln bunt
        Gefieder,
Du machst uns Gold, das Wunderding der Welt
    Und Diamant und seine Brüder;
    Kömmst alle Morgen fröhlich wieder
    Und schüttest immer Strahlen nieder –
Sprich, edler Stern am hohen Himmelszelt,
    Wie wachsen dir die Strahlen wieder?
Wie wärmest du? Wie schmückst du Wald und Feld?
Wie machst du doch in aller Welt
    Dem Diamant sein Licht, dem Pfau sein schön
        Gefieder?
Wie machst du Gold?
Sprich, liebe Sonn', ich wüßt es gern.

DIE SONNE:

Weiß ich's? Geh, frage meinen Herrn.[27]

Lieber Matthias,

manche Dinge lasse ich mir gern mehrere Male von Dir sagen. Was Du zum Beispiel in Deinen vielen Gedichten über die »liebe Sonn'« sagst, kann man gar nicht genug hören, denn da wirfst Du immer wieder ein entlarvendes Licht auf die hartnäckigen Seh- und Denkfehler Deiner und meiner Zeit. Neulich, an jenem Morgen im Mai, hat mich das Gespräch Deiner Frau mit Euren Kindern gelehrt, durch die Fenster der Schöpfung zu schauen. Heute lerne ich eine ganz ähnliche Lektion in Deinem kleinen Gedicht über den Philosophen und die Sonne, und an dem können sich außer mir noch die Sonnenanbeter und Naturschwärmer aller Art freuen, aber auch Wissenschaftler, Energieberater, Floristen und Schmuckliebhaber.

Fast atemlos zählt Dein Philosoph zuerst einmal die Wohltaten auf, die uns die Sonne erweist: Sie scheint unerschöpfliche Kräfte zu haben, denn ihr wachsen die Strahlen unbegrenzt nach, und darum kann sie Menschen wärmen und das Feld mit Pflanzen schmücken. Sie lässt Blätter wachsen und bringt die Farben der Pfauenfedern so richtig zur Geltung. Auch die Edelmetalle und Mineralien können erst durch ihr Licht richtig funkeln. Sie ist wahrlich ein edler Stern, diese Sonne, denn sie garantiert pflanzliches, tierisches und menschliches Leben und bringt Lebensfreude pur. Die Begeisterung für diesen Himmelskörper, lieber

Matthias, hat ja dazu geführt, dass in manchen nicht-christlichen Religionen die Sonne als Gott angebetet wird. Aber auch in unserem modernen Alltag können viele Menschen gar nicht genug von ihr bekommen und legen weite Wege zurück, um in Gegenden mit garantiertem Sonnenschein Urlaub zu machen. Und wenn das nicht möglich ist oder nicht ausreicht, helfen wir uns mit Sonnenbänken.

Auf die schwärmerische Beschreibung folgt in Deinem Gedicht die Ursachenforschung des Wissenschaftlers. Seine wichtigste Frage scheint zu sein, *wie* die Sonne das alles bewerkstelligt. Welches sind die genauen chemischen und optischen Verfahren? Durch welche physikalischen und biologischen Abläufe bringt der Allrounder Sonne das alles zustande? Bei der Beschreibung und Beurteilung von Phänomenen bemüht sich die Wissenschaft um größtmögliche Objektivität und strebt nach allgemeingültigen Antworten. Ernsthaft und nachdrücklich befragt der Philosoph deshalb sein Forschungsobjekt.

Umso ernüchternder kommt die flapsig-lakonische Antwort der Sonne: »Weiß ich's? Geh, frage meinen Herrn.« Und diese Antwort gilt sowohl den Schwärmern als auch den Forschern. Ob wir nun Animisten oder Materialisten sind, Philosophen oder Astronomen, Meteorologen oder Mineralogen oder Botaniker – alle scheinen wir mit einem eingeschränkten Blick zu leben. Entweder begeistern wir uns, ohne viel nachzudenken, für die Sonne und für ihre Kraft, mit der sie uns Leben, Genuss und Freude ermöglicht. Oder wir nehmen sie als rein physikalische Größe hin, als mehr oder weniger zufällig entstandene Materie im Universum und als Quelle von genau messbaren Energien.

Beide Sichtweisen kommen irgendwann an ihre Grenze, findet Dein Philosoph heraus. Wer die Sonne anbetet – entweder tatsächlich oder im übertragenen Sinn –, übersieht, dass sie selbst ja nur erschaffen worden ist. Und wer sie nur als System von selbstständigen Kräften zu begreifen versucht, verkennt, dass sie bloß eine von Gott selbst zugewiesene Rolle in seiner Schöpfung zu spielen hat. Am Ende Deines Gedichts erweist sich die Sonne, die bis dahin als Ursprung, als nie versiegende Quelle von Lebensenergie und Lebensfreude erschien, als abhängig. Nicht sie ist Herr, sondern sie hat selbst einen Herrn. Für diesen weiteren Blick hinter die Kulissen des Sommers dankt Dir

Dein erneut erleuchteter Leser.

Ein Lied um Regen

DER ERSTE:
Regen, komm herab!
Unsre Saaten stehn und trauern,
Und die Blumen welken.

DER ZWEITE:
Regen, komm herab!
Unsre Bäume stehn und trauern!
Und das Laub verdorret.

DER ERSTE:
Und das Vieh im Felde schmachtet,
Und brüllt auf zum Himmel.

DER ZWEITE:
Und der Wurm im Grase schmachtet,
Schmachtet und will sterben.

BEIDE:
Laß doch nicht die Blumen welken!
Nicht das Laub verdorren!
O, laß doch den Wurm nicht sterben!
Regen, komm herab![28]

Lieber Matthias,

nein, Du bist nicht der Schönwetterpoet und ständige Positivdenker, als der Du manchen Lesern erscheinst. Deine Freude über den kernigen Winter und Dein frühlingshaftes Bekenntnis, »fröhlich, fröhlich« zu sein, hat mich ja wirklich angesteckt und meine Stimmung aufgehellt. Aber Du feierst nicht immer nur das Wohlleben. Ich habe das noch nie geglaubt, und spätestens mit diesem gegen den Strich gebürsteten Sommerlied beweist Du es mir. So sehr Dich der Sonnenschein begeistert und das Wachsen der Ernte, die Farben der Blumen und der Gesang der Vögel, verschließt Du doch nicht die Augen vor der anderen Seite des Sommers, vor dem manchmal aus dem Gleichgewicht geratenden Verhältnis von Sonne und Wolken, vor der Spannung zwischen Dürre und Hagelschlag.

Der Regen, nach dem die beiden Sänger in Deinem Lied rufen, bleibt heute immer öfter in Teilen der Erde für lange Zeit aus, was nach dem Urteil vieler Wissenschaftler eine Folge unseres unbedachten Umgangs mit Erde, Wasser, Feuer und Luft ist. Dass auf der anderen Seite Tsunamis viele Küstenregionen überfluten und über die Ufer tretende Flüsse ganze Landstriche verwüsten, kann man ja beim besten Willen nicht als Ausgleich empfinden – es ist geradezu eine Verdoppelung des Unheils. In vielen Ecken der Erde lässt jedenfalls die Trockenheit Tiere und Pflanzen und die von Ackerbau und Viehzucht lebende Menschheit leiden, und dieses Leiden wird in Deinem mehr als zweihundert Jahre alten Lied so elementar beschrieben, als stammte es aus einem der heutigen Dürregürtel des Planeten.

Es geht Dir hier nicht um die Ursachen der Trockenheit – es geht Dir um die Folgen für die betroffenen Lebewesen. Und da bewegt mich an Deinem Lied besonders, dass Deine beiden Sänger den regenlosen Sommer nicht zuerst von der wirtschaftlichen Warte des Landwirts sehen, sondern den Blickwinkel der Pflanzen und Tiere einnehmen. Was hier an Gefühlen beschrieben wird, sind die Gefühle der Saaten, der Bäume und des Viehs. Sie trauern, welken, verdorren, brüllen auf, schmachten und wollen sterben. Mehr als ein halbes Jahrhundert vor der Gründung des ersten deutschen Tierschutzvereins praktiziertest Du mit Deinem Lied um Regen schon ein Umdenken, das in unseren Tagen immer mehr eingefordert wird und immer mehr an Fahrt gewinnt: weg von der arroganten Konzentration auf den nur menschlichen Gewinn und Genuss und hin zu einem mitfühlenden und barmherzigen Umgang mit Tieren und Pflanzen.

Dieses Hineindenken in das Leiden nicht-menschlicher Kreaturen ist natürlich nicht Deine Erfindung. Als fleißiger Bibelleser hast Du ganz sicher gewusst: Auch der Apostel Paulus erwähnt im Neuen Testament das »ängstliche Harren der Kreatur« und sagt: »Denn wir wissen, dass die ganze Schöpfung bis zu diesem

Augenblick mit uns seufzt und sich ängstet« (Römer 8:19, 22). Und schon das Alte Testament spricht von der Wertschätzung tierischen Lebens: »Der Gerechte erbarmt sich seines Viehs; aber das Herz der Gottlosen ist unbarmherzig« (Sprüche 12:10). Dass Gott, der Schöpfer, hier ins Spiel kommt, ist eine wichtige Erinnerung daran, wie wenig wir als Menschen eigentlich das Recht haben, uns für den alleinigen Mittelpunkt des Universums zu halten.

Der Tag, an dem ich Dir diesen Brief schreibe, ist ein ganz normaler Sommertag – der Boden ist durch die Regenschauer der letzten Wochen noch feucht genug für die Sträucher im Garten, und die Bauern in den umliegenden Dörfern schauen nicht sorgenvoll drein. Aber Dein Lied hat mich wacher gemacht für das Leiden der Schöpfung zu anderen Zeiten und an anderen Orten. Auch wenn er sich heute einfach an dem Blättergrün und an den angenehmen Temperaturen dieses langen, hellen Tages freuen kann, dankt Dir für Deine eindrückliche Schilderung

Dein sehr bewusst nach seinem Sprudelglas greifender Leser.

Herbst

Das Bauernlied

Der Vorsänger Hans Westen:

Im Anfang war's auf Erden
  Nur finster, wüst, und leer;
Und sollt was sein und werden,
  Mußt' es woanders her.

  Coro. Alle Bauern:

  Alle gute Gabe
  Kam oben her, von Gott,
  Vom schönen blauen Himmel herab!

So ist es hergegangen
  Im Anfang, als Gott sprach;
Und wie sich's angefangen,
  So geht's noch diesen Tag.

  Alle gute Gabe …

Wir pflügen und wir streuen
  Den Samen auf das Land;
Doch Wachstum und Gedeihen
  Steht nicht in unsrer Hand.

Alle gute Gabe …

Der tut mit leisem Wehen
   Sich mild und heimlich auf,
Und träuft, wenn wir heim gehen,
   Wuchs und Gedeihen drauf.

   Alle gute Gabe etc.

Der sendet Tau und Regen,
   Und Sonn- und Mondenschein,
Der wickelt Gottes Segen
   Gar zart und künstlich ein.

   Alle gute Gabe etc.

Und bringt ihn denn behende
   In unser Feld und Brot;
Es geht durch seine Hände,
   Kömmt aber her von Gott.

   Alle gute Gabe etc.

Was nah ist und was ferne,
    Von Gott kömmt alles her!
Der Strohhalm und die Sterne,
    Der Sperling und das Meer.

    Alle gute Gabe etc.

Von ihm sind Büsch' und Blätter,
    Und Korn und Obst von ihm,
Von ihm mild Frühlingswetter
    Und Schnee und Ungestüm.

    Alle gute Gabe ...

Er, Er macht Sonnaufgehen,
    Er stellt des Mondes Lauf,
Er läßt die Winde wehen,
    Er tut den Himmel auf.

    Alle gute Gabe etc.

Er schenkt uns Vieh und Freude,
    Er macht uns frisch und rot,
Er gibt den Kühen Weide
    Und unsern Kindern Brot.

    Alle gute Gabe etc.

Auch frommsein und vertrauen,
    Und stiller edler Sinn,
Ihm flehn und auf Ihn schauen,
    Kömmt alles uns durch Ihn.

    Alle gute Gabe etc.

Er gehet ungesehen
    Im Dorfe um und wacht,
Und rührt, die herzlich flehen,
    Im Schlafe an bei Nacht.

    Alle gute Gabe etc.

Darum, so woll'n wir loben
    Und loben immerdar
Den großen Geber oben.
    Er ist's! und Er ist's gar!

    Alle gute Gabe etc.[29]

Lieber Matthias,

alle Jahreszeiten hast Du irgendwann beschrieben: den Frühling, den Sommer, den Herbst und den Winter, und wir spüren beim Lesen den Frühjahrswind, wärmen uns an der Sonne des Hochsommers, schmecken die Herbstfrüchte und fühlen den Schnee im Dezember. Dein Bauernlied überblickt von der Erntezeit im Herbst das ganze Jahr, und es erinnert auch den heutigen Stadtbewohner daran, dass Gemüse und Käse, Brot und Fleisch nicht auf dem Regal im Supermarkt wachsen.

In vielen Gemeinden singen wir Dein Lied am Erntedankfest und freuen uns an den anschaulichen Strophen vom Pflügen und vom Streuen. Wir spüren: Das, was da in jedem Frühling und Sommer an menschlicher Arbeit geleistet wird, ist nicht alles. Und auch das, was vielleicht vorher noch in den biochemischen Labors geschah, kann das Wachstum von Pflanzen nicht völlig erklären und beeinflussen. Wir können noch so viel forschen, Verbrauchergewohnheiten studieren, Anforderungsprofile erstellen und dann Gene manipulieren – es steht nicht alles in unserer Hand. (Ganz zu schweigen davon, dass die Risiken und Nebenwirkungen unserer Profitmaximierung manchmal erst Generationen später zum Vorschein kommen.) Du bringst es auf den Punkt, ohne die Allmachtsfantasien unseres 21. Jahrhunderts gekannt zu haben: »Alle gute Gabe kam her von Gott, dem Herrn.« Wir können tun, so viel wir wollen – das Wesentliche geschieht erst, wenn wir von der Arbeit wieder nach Hause gegangen sind.

Ich mag es Dir gar nicht sagen, lieber Matthias, aber so, wie Dein »Bauernlied« heute im *Evangelischen Gesangbuch* steht, hast Du es gar nicht geschrieben: Man hat einfach fünf Strophen weggelassen. Schade eigentlich. Auch wenn die ersten beiden Strophen nicht so anheimelnd sind wie die schöne dritte Strophe »Wir pflügen und wir streuen . . .«, helfen sie uns zu einer ganzheitlichen Sicht des Lebens. Wir – die Pflügenden und die Streuenden – sind es eben nicht, die den Anfang aller Dinge darstellen. Es ist Gott, der Schöpfer, der noch vor dem ersten menschlichen Ackerbau aus dem Urchaos »was« schuf. Alles, was heute schon ist, und alles, was morgen erst wird, hat seinen Ursprung in diesem Schöpferwort am Anfang der Zeiten. Nur wenn wir das im Gedächtnis behalten, bleiben wir bewahrt vor einer Vergötterung der geschaffenen Welt, aber auch vor einer maßlosen Überschätzung unserer eigenen Position und Kompetenz und dann folgerichtig vor einer gierigen Ausbeutung der natürlichen Vorräte dieser Erde.

Doch ein paar Worte noch zu den wunderbaren Bildern, die Dein Gedicht uns malt. Es verliert sich weder in Details noch in Allgemeinheiten; es spannt weite Bögen zwischen Gegensätzen und zeigt, was sie miteinander verbindet. Das Nahe und das Ferne, der Strohhalm und die Sterne, der Sperling und das Meer kommen von Gott, genau wie Büsche, Blätter, Korn und Obst. Aber der Schöpfer hat auch die Bewegungen von Sonne und Mond unter Kontrolle, und wir können ihm ebenso für Schnee, Wind, Regen und mildes Frühlingswetter danken. Ein bisschen schmunzeln muss ich natürlich über die abenteuerlichen Zusammenstellungen von Vieh und Freude, von Kindern und Kühen, aber mit diesen Aufzählungen willst Du wohl nichts anderes als die umfassende Liebe Gottes zu seinen Geschöpfen feiern.

»Können wir Gott denn wirklich für alles danken?«, fragen Menschen heute wie zu Deinen Zeiten. Ist ungestümes Wetter etwa angenehm? Fahren Wind und Regen nicht manchmal unseren Plänen ärgerlich in die Parade? Natürlich, würdest Du sagen, aber das sagt höchstens etwas über die Vorläufigkeit und Kurzsichtigkeit unserer Pläne aus. Nur wer sich darin trainiert, seinen Blick zu weiten für die Kontraste in Gottes Schöpfung und für die nachhaltige Liebe, die aus seinen Gaben spricht, kann lernen, selbst die augenblicklich unangenehmen Erfahrungen aus Gottes Hand zu nehmen. Auch dieses Vertrauen kommt von Gott.

Mit seinen letzten Strophen zieht mir Dein Lied endgültig den Zahn der Selbstgefälligkeit und des unbegründeten Stolzes auf die Früchte meiner Arbeit.

»An Gottes Segen ist alles gelegen« – das gilt nicht nur für das Zählbare, Messbare oder Essbare. Auch mein Glaube und mein Gottvertrauen sind Geschenke aus seiner Hand. »Gott ist's, der in euch wirkt beides, das Wollen und das Vollbringen« heißt es im Brief des Paulus an die Philipper (2:13). Und Jesus sagte: »Es kann niemand zu mir kommen, es sei denn, ihn ziehe der Vater, der mich gesandt hat« (Johannes 6:44). Da kann ich mir auf meinen Glauben einbilden, was ich will – Gottvertrauen ist keine Leistung und kein Verdienst. Wenn ich anfange, darauf stolz zu sein, übersehe ich schlicht, wie Gott ungesehen mein Leben beschenkt. Es dankt Dir für ein paar tiefe Einblicke in den Geschenkekorb Gottes

Dein etwas demütiger gewordener Leser.

Ein Lied vom Reifen

d. d. den 7. Dez. 1780. Wandsbeck
Sirach Kap. 43 V. 21 Er schüttet den Reifen
auf die Erde wie Salz

Seht meine lieben Bäume an,
  Wie sie so herrlich stehn,
Auf allen Zweigen angetan
  Mit Reifen wunderschön!

Von unten an bis oben 'naus
  Auf allen Zweigelein
Hängt's weiß und zierlich, zart und kraus,
  Und kann nicht schöner sein;

Und alle Bäume rund umher,
  All' alle weit und breit
Stehn da, geschmückt mit gleicher Ehr',
  In gleicher Herrlichkeit.

Und sie beäugeln und besehn
  Kann jeder Bauersmann,
Kann hin und her darunter gehn,
  Und freuen sich daran.

Auch holt er Weib und Kinderlein
    Vom kleinen Feuerherd,
Und marsch mit in den Wald hinein!
    Und das ist wohl was wert.

Einfältiger Natur-Genuß,
    Ohn' Alfanz drum und dran,
Ist lieblich wie ein Liebeskuß
    Von einem frommen Mann.

Ihr Städter habt viel schönes Ding,
    Viel Schönes überall,
Kredit und Geld und golden Ring,
    Und Bank und Börsensaal;

Doch Erle, Eiche, Weid' und Ficht'
    Im Reifen nah und fern –
So gut wirds Euch nun einmal nicht,
    Ihr lieben reichen Herrn!

Das hat Natur, nach ihrer Art
    Gar eignen Gang zu gehn,
Uns Bauersleuten aufgespart,
    Die anders nichts verstehn.

Viel schön, viel schön ist unser Wald!
    Dort Nebel überall,
Hier eine weiße Baumgestalt
    Im vollen Sonnenstrahl,

Lichthell, still, edel, rein und frei,
    Und über alles fein! –
O aller Menschen Seele sei
    So lichthell und so rein!

Wir sehn das an und denken noch
    Einfältiglich dabei:
Woher der Reif, und wie er doch
    Zu Stande kommen sei?

Denn gestern Abend Zweiglein rein!
    Kein Reifen in der Tat! –
Muß einer doch gewesen sein,
    Der ihn gestreuet hat.

Ein Engel Gottes geht bei Nacht,
    Streut heimlich hier und dort,
Und wenn der Bauersmann erwacht,
    Ist er schon wieder fort.

Du Engel, der so gütig ist,
  Wir sagen Dank und Preis.
O mach uns doch zum heil'gen Christ
  Die Bäume wieder weiß![30]

Lieber Matthias,

verzeih – ich muss Dir gestehen, dass ich beim Lesen des Titels zuerst an die Gummibereifung von Kraftfahrzeugen und als Nächstes an den Alterungs- und Reifungsprozess von Pflanzen, Tieren und Menschen gedacht habe. Das hat wohl einfach mit dem Wandel der deutschen Sprache seit 1780 zu tun. Aber nein: Du besingst hier schlicht den Raureif, ein Naturphänomen, das bei bestimmten Temperatur- und Niederschlagsverhältnissen auf festen Körpern – Ästen, Blättern, Fensterscheiben – Eiskristalle entstehen lässt.

Du bist ganz nahe am Raureif – an Deinen »lieben Bäumen« – in diesem Gedicht. »Weiß und zierlich, zart und kraus« hängt er an den Zweigen von »Erle, Eiche, Weid' und Ficht'« und macht sie zu einem herrlichen Anblick für Bauersfamilien, die sich die winzige Mühe machen, hinaus in den Wald zu gehen und sie zu »beäugeln«. Sie mögen nicht so gebildet sein wie die Menschen in der Stadt, aber das heißt nicht, dass sie weniger Lebensfreude haben.

Bei Dir kommt das einfache Leben auf dem Lande meist besser weg als das komplizierte Leben der Stadt (so wie ja auch viele Dichter vor und nach Dir »Hütte« und »Palast« gegeneinander ausgespielt haben). Nicht, dass es die Städter gar nicht gut hätten: Du findest manches bei ihnen auch schön. Aber vieles dient eben nur der Verbesserung der eigenen sozialen Position.

Die Bäume sind alle »geschmückt mit gleicher Ehr', in gleicher Herrlichkeit«, aber die Stadtbewohner haben vor allem gesellschaftliche Unterschiede im Kopf. Um eine Stufe nach oben zu kommen, müssen sie sich um tausend Dinge kümmern: »Kredit und Geld und golden Ring, und Bank und Börsensaal«. Das bäuerliche Leben dagegen kann sich am »einfältigen Naturgenuss« erfreuen – ohne »Alfanz«, das heißt ohne Verstellung und Betrug. Und der nicht auf seinen Besitz fixierte Bauer hat noch dazu die Chance, beim Anblick eines weißen Baumes über die Reinheit der eigenen Seele nachzudenken. Wer schafft das schon in der Hektik des städtischen Lebens?

Zum Nachdenken bringt Deinen Bauern auch die Frage, wer denn hinter der wunderbaren Symmetrie der Raureifkristalle steckt. Wieder einmal schaust Du hinter die Kulissen des Sichtbaren und findest dort einen himmlischen Urheber. Ganz anschaulich vermutest Du einen gütigen Engel Gottes, der den Menschen diese Freude beschert hat.

Ist Dein Gedicht damit nicht vielleicht doch ein Lied über einen inneren Reifungsprozess, der Städter über ihre Statussymbole hinaus in die Schöpfung schauen lässt und der aus einer reinen Naturschwärmerei einen Dank an den Schöpfer macht? (Daran ändert ja auch Deine schelmische Rückkehr zu den menschlichen Sehnsüchten der nördlichen Halbkugel nach einer weißen Weihnacht nichts.) Du hast mich heute neugierig gemacht auf den nächsten Tag, an dem ich bereifte Bäume beäugeln kann, und ich wünsche mir, dass mein Blick immer reifer wird und wacher für die Wunder der Schöpfung. Dafür, dass Du das in mir angestoßen hast, dankt Dir

Dein heute noch nicht ganz reifer Leser.

Winter

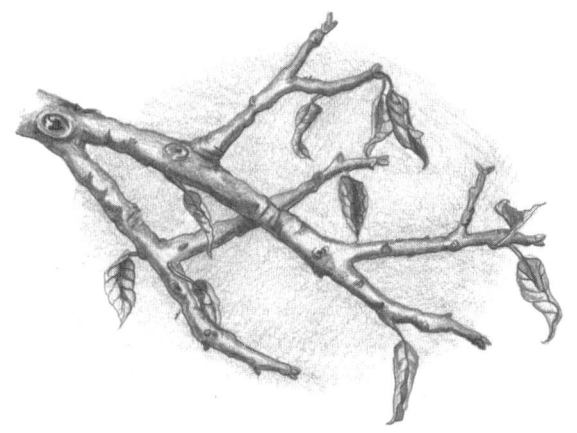

Neue Erfindung

Hab' eine neue Erfindung gemacht, Andres, und soll Dir hier so warm mitgeteilt werden.

Du weißt, daß in jeder gut eingerichteten Haushaltung kein Festtag ungefeiert gelassen wird, und daß ein Hausvater zulangt, wenn er auf eine gute Art und mit einigem Schein des Rechtes einen neuen an sich bringen kann. So haben wir beide, außer den respektiven Geburts- und Namenstagen, schon verschiedene andre Festtage an unsern Höfen eingeführt, als das Knospenfest, den Widderschein, den Maimorgen, den Grünzüngel, wenn die ersten jungen Erbsen und Bohnen gepflückt und zu Tisch gebracht werden sollen, und so weiter.

Nun ist wohl wahr, daß der Sommer und sonderlich das Frühjahr viel schön sind. Gleich wenn der Winterschnee auftauet und man den bloßen Leib der Erde zum erstenmal wieder sieht, fängt diese Viel-Schönheit an und geht denn immer mit größern Schritten fort, bis Blumen und Blätter aufgeblühet sind und der Mensch vor dem vollen Frühling steht, wie Gleim's Kind vor einem schönen Blumenkorb. Und gewiß lehret uns der Frühling Gott und seine Güte sonderlich; denn, wie Freund Fritz sagt, was so zu Herzen geht, muß aus irgend einem Herzen kommen. Und also sind die Frühlings- und Sommerfesttage gar sehr am rechten Ort, ich habe nichts dawider. Es ist mir aber doch immer schon vorgekommen, daß im Herbst und Winter auch was zu machen wäre, nur habe ich die Sache noch nie recht ins Klare bringen können.

Gestern aber, wie das mit den Erfindungen ist: man findet sie nicht, sondern sie finden uns, gestern als ich im Garten gehe und an nichts weniger denke, schießen mir mit einmal zwei neue Festtage aufs Herz, der Herbstling und der Eiszäpfel, beide gar erfreulich und nützlich zu feiern.

Der Herbstling ist nur kurz und wird mit Bratäpfeln gefeiert. Nämlich: wenn im Herbst der erste Schnee fällt, und darauf muß genau acht gegeben werden, nimmt man so viel Äpfel, als Kinder und Personen im Hause sind und noch einige darüber, damit, wenn etwa ein Dritter dazu käme, keiner an seiner *quota* gekürzt werde, tut sie in den Ofen, wartet bis sie gebraten sind, und ißt sie denn.

So simpel das Ding anzusehen ist, so gut nimmt sich's aus, wenn's recht gemacht wird. Daß dabei allerhand vernünftige Diskurse geführt, auch oft in den Ofen hineingeguckt werden muß etc., versteht sich von selbst.

Und so viel vom Herbstling.

Der Eiszäpfel will nun wieder ganz anders traktiert sein und hat seine ganz besondre Nücken. Mancher denkt wohl: wenn er Eiszapfen am Dache sieht, könne er nur gleich anfangen zu feiern; aber weit gefehlt, es wird mehr dazu erfordert. Der Eiszäpfel kann durchaus ohne einen Schneemann nicht gefeiert werden, und dazu muß erst Schnee sein und Tauwetter kommen, daß der Schneemann gemacht werden kann, und wenn er gemacht ist und vor dem Fenster steht, muß es wieder frieren, daß Eiszapfen am Dach werden, einer halben Elle lang, nicht länger und nicht kürzer usw. Das sind die Präliminar-Artikel und die *conditio sine qua non*.

Was sagst Du nun? Gelte, das ist 'n intrikates Fest! Es geht auch mancher Winter darüber hin, ohne daß eins zu stande kommen kann. Wenn nun aber obige Umstände alle eingetreten sind und sonst kein merkliches Hindernis im Wege ist, so kannst Du denn zwischen drei und vier Uhr nachmittags das Fest angehen lassen, das *NB.* von Anfang bis zu Ende mit trockenem Munde gefeiert wird. Nach vier, wenn's dunkel worden ist, wird eine Laterne in den hohlen Kopf des Schneemannes getan, daß das Licht durch die Augen und den Mund herausscheint – und denn geht groß und klein auf und ab im Zimmer und sieht aus dem Fenster unter den Eiszapfen hin nach dem Schneemann und denkt dabei an einen andern Schneemann, ein jeder, nach dem ihm der Schnabel gewachsen ist, und das ist der höchste Moment der Feier.

Lebe wohl, lieber Andres, und feire fleißig alle Festtage und heilige Abende, bis der rechte heilige Abend anbricht.

den 3. Oktober, 1782.
Dein etc. [31]

Lieber Matthias,

eine ziemlich schnurrige Idee ist das – den vielen vorhandenen Festtagen des Jahres einfach noch einige weitere hinzuzufügen. Zu Deiner Zeit gab es wohl manche, die wir gar nicht mehr kennen. Einige davon hatten wohl landwirtschaftliche Hintergründe oder waren vom Kirchenjahr vorgegeben, und andere wurden vermutlich von Regierungen eingeführt, weil »Brot und Spiele« schon immer das Volk beruhigt haben. Und jetzt schlägst Du einfach ein paar fantasievolle Ergänzungen vor.

Natürlich ist Dir klar, dass Du mit Deiner Erfindung nicht in den offiziellen Kalendern landen wirst. Dass Dein Unterzeichnungsdatum 3. Oktober tatsächlich einmal mit dem »Tag der Deutschen Einheit« ein nationaler Feiertag werden würde, konntest Du im Jahre 1782 nicht ahnen, aber darum ging es Dir augenscheinlich auch gar nicht. Wie wenig ernst gemeint das Projekt ist, wird ja an den liebevoll ausgestalteten Details der beiden neuen Festtage deutlich. Du wählst sie völlig willkürlich aus allen Tagen des Jahres aus und legst übertrieben exakt die Bedingungen und die »Präliminar-Artikel« fest (».. darauf muss genau acht gegeben werden«). Was Du hier Deinem zweiten Ich Andres vorschlägst, ist etwas ganz anderes.

Eigentlich führt Deine skurrile Festerfindung zu einer Aufwertung der vielen Nichtfesttage unseres Lebens. Statt über die Gleichförmigkeit der Wochentage zu stöhnen, könnten wir uns von Dir anstecken lassen, jeden Tag zu einem kleinen, ganz besonderen Festtag zu erklären. Auch wenn kein nationaler oder kirchlicher Feiertag ansteht oder das regionale Brauchtum uns Gelegenheit zur Ausgelassenheit gibt, können wir einem – vielleicht sogar jedem – der ordinären Tage etwas Besonderes und Festliches abgewinnen. Wenn wir lange genug darüber nachdenken, fallen uns sicher eine Menge weiterer Kandidaten ein: Krokussichtung, Frühlingsstürmling, Wintermanteleinmottung, T-Shirt-Einweihung, Freibadpremiere … Wie bedeutsam würde plötzlich ein ganz ordinärer 13. März, ein 21. Juli oder ein 7. November, wenn wir einfach kleine Rituale erfänden, die uns in Spannung halten, uns Genüsse bescheren und einem ansonsten grauen Alltag Glanz verleihen?

Und wie geht Deiner Vorstellung nach das Feiern ganz praktisch vor sich? Genau wie in dem Gedicht »Das Kind« Deines Freundes Johann Wilhelm Ludwig Gleim.[32] Da sitzt ein »unschuldiges« Kind vor einem Blumenkorb, wühlt in den Blumen, lächelt, staunt und niest. Und genießt. Genauso unschuldig, meinst Du, sollen Jüngling und Greis die Wunder der Schöpfung wahrnehmen und schließlich in den von Gott ausgebreiteten Sternenhimmel schauen. In diesen »Abgrund seiner Herrlichkeit« zu sehen, beschert uns ein »Meer von Freuden«, sagt Gleim. Es macht uns Menschen nicht etwa kleiner – ganz im Gegenteil: »Gestärkt von solcher Wonne, fühl ich meinen Geist um eine Spanne größer.« So etwas kann jeden Tag geschehen und macht den Alltag zum Fest.

Es geht Dir aber in all dem bestimmt nicht um eine Herabwürdigung der vorhandenen Festtage. Dafür scheinst Du viel zu gern zu feiern. Du freust Dich noch einmal ausdrücklich auf den Heiligen Abend, und zwar nicht nur auf den festlichen Vorabend des Weihnachtstages, sondern auf den letzten großen Festtag. Der Abend aller Zeiten, das Ende der Erde, wird heilig sein, weil er den Anbruch von Gottes neuer Welt einläutet. Bis dahin aber kann noch so mancher ganz normale Tag des Jahres umgewandelt werden in einen Festtag. Für diese wahrhaft revolutionären Vorschläge dankt Dir

Dein schon eifrig planender Leser.

Ein Dito[33]

Seht doch das kalte Nachtgesicht
   Dort hoch am Himmel hangen!
Einst war es glatt und hatte nicht
   Die Runzeln auf den Wangen.

Ja Kind, von diesen Runzeln wär'
   Nun freilich viel zu sagen;
Am Weihnachtabend kam Kunz her,
   Der Henker mußt' ihn plagen,

Kam her und stahl. Wie ging's ihm nicht!
   Er wird nicht wieder stehlen.
Hör' an, und laß dir die Geschicht'
   Vom Kohl und Kunz erzählen.

Heinz hatt' ein Gärtchen, das war schön,
   Da stieg des Abends Kunze
Hinein, und, hast du nicht gesehn,
   Bestahl den Nachbar Heinze.

Sonst schämt und grämt ein Dieb sich wohl,
   Kunz aber nicht; er dachte:
Es fände morgen seinen Kohl
   Der Nachbar nicht, und lachte.

Schnell aber war da eine Hand,
    Die ihm vertrieb das Lachen,
Sie faßte ihn – husch! und er stand
    Im Mond mit seinen Sachen,

Mit seinem Kohl, so wie er war,
    Da half kein Schrei'n noch Flehen.
Man sieht ihn itzt auch hell und klar
    Mit Kohl im Monde stehen.

Er überdenkt nun den Betrug,
    Doch wird ihm wohl zu Zeiten
Die Zeit und Weile lang genug,
    Und wär' wohl gern bei Leuten.

All' Weihnachtabend rührt er sich,
    Und ruft aus voller Kehlen:
»Erbarme dich! erbarme dich!
    Ich will nicht wieder stehlen.«

Ja, großen Dank! der arme Kunz!
    Nun mag er lange wollen;
Er stehet da, und warnet uns,
    Daß wir nicht stehlen sollen;

Steht da und hat nicht Ruh' noch Rast,
  Und wird da ewig stehen.
Schlaf', wenn du ausgeschlafen hast,
  Sollst du auch Kunze sehen.

Lieber Matthias,

danke für den kleinen Krimi zur Nachtzeit. Ich dachte immer, dass spätabendliche Filme über Untaten, Verbrecher, Gesetzeshüter und die Wiederherstellung der Gerechtigkeit eine Erfindung der Medienmacher des vergangenen halben Jahrhunderts sind. Die letzte Gänsehaut, die heute mit hoch entwickelter Aufnahmetechnik dem späten Fernsehzuschauer vor dem Schlafengehen beschert wird, hast Du zu Deiner Zeit ganz einfach mit einem kleinen Wiegenlied zustande gebracht. Deine Moritat vom Gemüsediebstahl an Weihnachten mag nicht die klassische kindgerechte Einschlafgeschichte von Schäfchen und Wölkchen sein, aber mit der Aufklärung der Tat und der Bestrafung des Täters bringt Dein Wiegenlied gleich wieder Ordnung in die Träume und ins Leben.

Es geht in Deiner Geschichte um jedermann – um Hinz und Kunz sozusagen oder zumindest um zwei Nachbarn namens Heinz und Kunz. Den bösen Buben Kunz lässt Du im Garten von Heinz den Kohl klauen. Zu mitternächtlicher Stunde, wenn keiner zuschaut. Aber Zeugen und gerichtsverwertbare Fingerabdrücke braucht Dein Krimi auch gar nicht, denn die böse Tat dokumentiert sich in unerwarteter Weise selbst. So ähnlich wie die ungehorsame Gattin von Abrahams Neffen im Alten Testament zur Salzsäule erstarrte (1. Mose 19), bleibt der nicht nur habgierige und gewissenlose, sondern auch noch schadenfroh lachende Dieb mit seiner Beute bewegungsunfähig im Gemüsebeet stehen. Dass die finstere Tat gerade in der Heiligen Nacht geschieht, in der eigentlich der Welt der Friede Gottes verkündet wurde, macht sie noch verwerflicher.

Ein bisschen überdeutlich kommt sie ja vielleicht rüber: Deine Warnung, »dass wir nicht stehlen sollen«. Du lebtest eben in der Spätzeit der Aufklärung, die gern den moralischen Zeigefinger hob. Sollen wir Dir heute einen Vorwurf machen – wir, die in einem Klima des Relativismus leben, in dem sich viele ethische Werte im freien Fall befinden? Sollen wir, mit der überheblichen Miene der später Geborenen, Dir den Versuch übel nehmen, mit einer Abschreckungsgeschichte Kinder die Regeln menschlichen Zusammenlebens zu lehren? Viele dieser Regeln werden doch in unseren Medien so systematisch ausgehöhlt und außer Kraft gesetzt, dass wir angesichts der dadurch inspirierten Ausbrüche von Habgier und Gewalt nur noch weinen können. Aber eigentlich sind es große Krokodilstränen, die da über unser Gesicht laufen.

Ich glaube, wir tun gut daran, nicht über die Unangemessenheit Deiner Belehrung zu meckern – mit »Runzeln auf den Wangen« –, sondern unsere eigenen Erziehungsmethoden unter die Lupe zu nehmen. Wie können wir es Kindern beibringen, einen Weg zu den Geboten Gottes und zu einem menschlich gedeihlichen Verhalten zu finden? Erlauben wir uns nur eine Kuschelpädagogik, die Kindern überhaupt keine Grenzen mehr aufzeigt? Oder greifen wir zu schnell zur didaktischen Keule, die immer nur auf die Konsequenzen von Fehlverhalten hinweist? Ich hoffe, wir werden nach dem Nachdenken über Deinen kleinen Einschlafkrimi nicht mehr so schnell in der einen oder der anderen Richtung vom Pferd fallen. Es nickt Dir beim vorweihnachtlichen Einschlafen noch einmal zu

Dein unterhaltsam gewarnter Leser.

Weihnacht-Kantilene

Coro:
Euch ist heute der Heiland geboren, welcher
ist Christus, der Herr.

Rezitativ:
Maria war zu Bethlehem,
Wo sie sich schätzen lassen wollte;
Da kam die Zeit, daß sie gebären sollte,
Und sie gebar ihn –
Und als sie ihn geboren hatte
Und sah den Knaben nackt und bloß;
Fühlt sie sich selig, fühlt sich groß
Und nahm voll Demut ihn auf ihren Schoß
Und freuet sich in ihrem Herzen sein,
Berührt den Knaben zart und klein
Mit Zittern und mit Benedei'n,
Und wickelt ihn in Windeln ein …
Und bettete ihn sanft in eine Krippe hin.
Sonst war kein Raum für ihn.

Choral:
    Den aller Weltkreis nie beschloß,
Der liegt in Marien Schoß.
Er ist ein Kindlein worden klein,
Der alle Ding erhält allein. Kyrieleis!

GRAVE:
Vor Gott geht's göttlich her,
Und nicht nach Stand und Würden.
Herodem läßt er leer,
    Mit seinem ganzen Heer;
Und Hirten auf dem Felde bei den Hürden
    Erwählet er.

REZITATIV:
Sie saßen da und hüteten im Dunkeln ihrer Herde
    Mit unbefangnem frommen Sinn;
Da stand vor ihnen, an der Erde,
    Ein Engel Gottes … und trat zu ihnen hin,
Und sie umleuchtete des Herren Klarheit,
Und er sagte ihnen die Wahrheit.

CHORAL:
Kyrie – – Eleison!

Rezitativ:

Und eilend auf sie standen,
   Gen Bethlehem zu gehn;
Und kamen hin und fanden,
   Oh'n weiters zu verstehn,
Mirjam und Joseph beide,
Und in der Krippen lag, zu ihrer großen Freude,
   In seinem Windelkleide
   Auf Grummet von der Weide
Der Knabe wunderschön.

Coro 1:

   Im Anfang war das Wort, und das Wort war bei
Gott, und Gott war das Wort.

Coro 2:

Und das Wort ward Fleisch, und wohnte unter uns.

Choral:

   Ein Kindelein so löbelich
Ist uns geboren heute,
Von einer Jungfrau säuberlich,
Zu Trost uns armen Leuten.
Wär uns das Kindlein nicht gebor'n,
So wär'n wir allzumal verlor'n,
Das Heil ist unser aller.

Coro:
Das Heil ist unser aller.

Rezitativ:
Die Väter hoffeten auf ihn mit Tränen und mit Flehn
Und sehnten sich, den Tag des Herrn zu sehn;
Und sahn ihn nicht.
Was Gott bereitete,
Und von der Welt her heimlich und verborgen war,
Ward in der Zeiten Fülle offenbar.
»Und in der Krippen lag zu ihrer großen Freude,
    In seinem Windelkleide
    Auf Grummet von der Weide
Der Knabe wunderschön.«

Coro:
    Lasset uns ihn lieben, denn er hat uns zuerst
geliebet.

Rezitativ:
Die Weisen fielen vor ihm nieder
    Und gaben ihre Schätze gern;
Und gaben Weihrauch, Gold und Myrrhen.
    Sie sahen seinen Stern,
Und kannten ihren Heiland, ihren Herrn,
Und ließen sich das Heu und Stroh nicht irren.

CHORAL:

    Er ist auf Erden kommen arm,
Daß er unser sich erbarm,
Und in dem Himmel mache reich
Und seinen lieben Engeln gleich. Kyrieleis!

AFFETTUOSO:

    Da liegt und schlummert er,
Die Äuglein zugetan!
– O du Barmherziger!
Komm Alles um ihn her,
Und dien' und bet' ihn an.

CHORAL:

    Willkommen in dem Jammertal.
O, bis [sei] willkommen tausendmal,
[Sei] tausendmal gesegnet!
Du teures, liebes, holdes Kind,
Es weht bei uns ein kalter Wind,
Und schneiet hier und regnet.
Wir gingen trostlos und verzagt,
Im fremden Lande viel geplagt,
Gefangen alle auf den Tod;
Da kömmst du zu uns in der Not,
    Zu bringen uns
Heim zu des Vaters Haus und Herd …
Wir sinds nicht wert, wir sinds nicht wert.

EINE STIMME:
Holdseliger, gebenedeiter Knabe!
    Ich lieb' und bete an.
Du weißt, daß ich nicht[s] habe
    Und dir nichts geben kann.
– Ich lieb' und bete an.

ZWEI STIMMEN:
Ich zittre, Herr, und glaube,
    Vor Deinem Angesicht!
Und danke Dir im Staube.
Verschmäh' mich nicht!

EIN CHOR KINDER:
Wir wollen seine Krippe schmücken
    Und bei ihm bleiben die ganze Nacht,
Die Hände ihm küssen und drücken;
    Er hat so oft uns gebracht.

EIN CHOR VÄTER UND MÜTTER:
Und wir mit euch ihn grüßen
    Und mit euch Tag und Nacht
Die Hände und Füße ihm küssen;
    Er hat uns selig gemacht!

TUTTI:

    Du bist würdig zu nehmen Lob und Preis und
    Dank und Kraft und Macht und Ehre
    und Herrlichkeit von Ewigkeit zu Ewigkeit.

*

Dem Menschen dünkt es wunderbar,
    Und mag es nicht verstehn;
Doch ists wahrhaftig wahr!
    Und selig sind die Augen, die ihn sehn.[34]

Lieber Matthias,

eine wunderbare Weihnachtskantate hast Du uns hier beschert. Die würde ich gern einmal hören – so wie sie Dein Freund Johann Friedrich Reichardt vertonte und 1784 in Berlin uraufführte. Aber ich freue mich auch so an dem, was da von den verschiedenen Chören und Einzelstimmen erzählt wird. Diese reichhaltige Mischung aus Bibelversen, Choralstrophen und Deinen eigenen Dichtungen lässt Stimmen von vor zweitausend Jahren ebenso zu Wort kommen wie Männer, Frauen und Kinder Deiner Zeit. Warum genieße ich es, von Dir eine so vielstimmige Erzählung der Ereignisse in Bethlehem zu hören? Weil ich zur Weihnacht ganz dringend jede Erinnerung an die tatsächlichen Ereignisse in der Heiligen Nacht brauche, damit ich mich nicht in dem Nebel verirre, der sich regelmäßig zum Jahresende über unser Land breitet.

Ich könnte Dir jetzt lange von der Weihnachtsindustrie dieses Jahrhunderts erzählen, von der Eroberung des Herbstes durch die Lebkuchenhersteller, von den Prognosen und wöchentlichen Umsatzberichten der Einzelhandelsverbände und von der Lautstärke, mit der sich die »Stille Nacht« gegen den Lärm in den Kaufhäusern durchsetzen muss – Du würdest das alles wahrscheinlich kaum glauben können. Wie eine große, glitzernde und bunt blinkende Wolke hat sich eine Mischung aus eiskalter Produktkalkulation und glühweinwarmer Rührseligkeit zwischen den biblischen Bericht von der Geburt Jesu Christi und uns geschoben. Und wenn man nicht ganz bewusst und ganz genau hinschaut, um das eigentliche Weihnachtswunder wiederzuentdecken, könnte man denken, die letzten drei Monate des Jahres seien erfunden worden, um die Jahresbilanz der Wirtschaft und den Gefühlshaushalt der Bürger zu sanieren.

Es gibt eine Menge Christen, die sich einfach maßlos darüber ärgern, dass anscheinend das wunderbare alte Schiff, »geladen bis an sein' höchsten Bord«, von einer nachchristlichen Gesellschaft gekapert worden ist und unter der alten Flagge in unbekannte Gewässer gesteuert wird. Mich macht das auch traurig, aber ich nehme das eher als eine schöne Aufgabe wahr. Ich möchte einfach jede Gelegenheit nutzen, um Weihnachten wieder zum Christfest zu machen – nicht nur für mich persönlich, sondern auch für Menschen um mich her, die den Blick dafür verloren haben. Denn der Etikettenschwindel, der zwar den Namen »Weihnachten« beibehält, aber etwas ganz anderes verkauft, ist natürlich nur deshalb möglich, weil es seit Deiner Zeit einen tief greifenden Schwund an Informationen über den christlichen Glauben gegeben hat. Jedes Jahr berichten die Zeitungen von skurrileren Antworten, wenn Kinder bei Umfragen die Bedeutung christlicher Feste erklären sollen: An Weihnachten würde an den Tod des Weihnachtsmannes gedacht, und an Ostern sei Josef auferstanden. Ich glaube, gerade weil so viele Fans der Weihnachtsstimmung gar nicht mehr wissen, worum es geht, können wir gar nicht oft genug davon reden, dass sich damals in Bethlehem Unerhörtes ereignet hat.

Es ist das Kind in der Krippe, an das wir am Christfest denken. Aber dieses Kind wuchs dann heran und lebte ein paar Jahrzehnte lang auf dieser Erde. Dass in ihm Gott selbst zur Welt kam, um bei seinen Menschen zu sein und sie zu sich zurückzuholen, hast Du immer wieder in Deinen Texten gesagt. Erinnerst Du Dich daran, was Du in einem Deiner Briefe an Andres geschrieben hast? Du hast Jesus einen »Erretter aus aller Not, von allem Übel« genannt und einen »Erlöser vom Bösen«: »Und nun ein Helfer, wie die Bibel den Herrn Christus darstellt, der umher ging und wohl tat, und selbst nicht hatte, wo er sein Haupt hinlege; um den die Lahmen gehen, die Aussätzigen rein werden, die Tauben hören, die Toten aufstehen und den Armen das Evangelium geprediget wird; dem Wind und Meer gehorsam sind, und der die Kindlein zu sich kommen ließ und sie herzte und segnete; der bei Gott und [der selbst] Gott war und wohl hätte mögen Freude haben, der aber an die Elenden im Gefängnis gedachte und verkleidet in die Uniform des Elends zu ihnen kam, um sie mit seinem Blut frei zu machen; der keine Mühe und keine Schmach achtete und geduldig war bis zum Tode am Kreuz, daß er sein Werk vollende; – der in die Welt kam, die Welt selig zu machen, und der darin geschlagen und gemartert ward und mit einer Dornenkrone wieder hinausging! – Andres, hast Du je was ähnliches gehört, und fallen Dir nicht die Hände am Leibe nieder? Es ist freilich ein Geheimnis, und wir begreifen es nicht; aber die Sache kömmt von Gott und aus dem Himmel, denn sie trägt das Siegel des Himmels und trieft von Barmherzigkeit Gottes…«[35]

Das alles hast Du mit anderen Worten und Bildern in Deine Weihnachtskantate hineingepackt. Aber sie zählt mir auch eine ganze Reihe von Beispielen für die Schwierigkeiten auf, die wir Menschen mit diesem unbegreiflichen Geheimnis haben. Da ist Herodes, der leer ausgeht, und da sind die Hirten, die zwar von dem Engel Gottes die Wahrheit erfahren haben, aber trotzdem nicht ohne Weiteres verstehen, was sie dann im Stall vorfinden. Auf der anderen Seite beschreibst Du, wie die Weisen sich durch die augenscheinliche Armut des Neugeborenen nicht beirren lassen und wie ganz normale Menschen Deiner Zeit ihrer Liebe zu dem Kind und ihrer Dankbarkeit Ausdruck geben wollen. Du bringst hier keine wissenschaftlichen Argumente für die Wahrheit des Weihnachtsgeschehens vor – Du stellst sie einfach fest: »Doch ists wahrhaftig wahr!« Dabei schaust Du aber nicht triumphierend auf alle Zweifler herab, denn Du gibst zu, dass man diese Wahrheit eigentlich nur zitternd glauben kann. Für diese Ermutigung, lieber Matthias, einer verwirrten

Welt ganz schlicht die Wahrheit über das Christfest zu sagen, dankt Dir

Dein mit Dir zitternd glaubender Leser.

Ein Tag mit
Matthias Claudius

Morgen

Die Sternseherin Lise

Ich sehe oft um Mitternacht,
    Wenn ich mein Werk getan
Und niemand mehr im Hause wacht,
    Die Stern' am Himmel an.

Sie gehn da, hin und her zerstreut
    Als Lämmer auf der Flur;
In Rudeln auch und aufgereiht
    Wie Perlen an der Schnur;

Und funkeln alle weit und breit,
    Und funkeln rein und schön;
Ich seh' die große Herrlichkeit,
    Und kann mich satt nicht sehn …

Dann saget unterm Himmelszelt
    Mein Herz mir in der Brust:
»Es gibt was Bessers in der Welt
    Als all ihr Schmerz und Lust.«

Ich werf' mich auf mein Lager hin
    Und liege lange wach,
Und suche es in meinem Sinn;
    Und sehne mich darnach.[36]

Lieber Matthias,

weil kalendarisch der Tag schon mit dem zwölften Glockenschlag beginnt (auch wenn statt der Sonne nur die Sterne am Himmel zu sehen sind), fange ich meinen Tag mit Dir einfach schon mal zur Mitternacht an. Als bekennender Spätaufbleiber kann ich mir sehr gut vorstellen, wie Deine Lise die Arbeit hinter sich lässt und die Ruhe eines Hauses genießt, in dem der Rest der Familie schon schläft. Auch was sie am Himmel sieht, sehe ich vor mir: Sterne wie eine Vielzahl einzelner Lämmer oder wie ganze Herden von Lämmern oder wie eine Perlenschnur von Lichtern.

Ich höre in Gedanken natürlich schon manche fleißigen Leser von heutigen Wissenschaftsmagazinen lästern: Was für eine vormoderne Gedankenwelt! Würde sich diese Lise denn überhaupt im Entferntesten bei uns im Satellitenzeitalter zurechtfinden – bei uns, die Mondlandungen und Marsmissionen miterlebt haben und über riesige Teleskope verfügen? Können wir ihre Sternbetrachtungen nicht einfach *ad acta* legen? Was die zu sehen meint, sind doch Dinge, die es gar nicht gibt.

Nein, es ist wohl eher umgekehrt: Es gibt Dinge, für die viele unserer heutigen Bildungsbürger blind sind – und Lise nicht. Sie sieht Herrlichkeit. Und die sieht man nicht mit dem Kopf. Auch Reinheit und Schönheit sind keine Angelegenheiten der Vernunft, und mit ihrer Erwähnung des »Himmelszeltes« weist Lise auf den Ursprung von Herrlichkeit, Schönheit und Reinheit hin. In ihnen hat sie einen Vorgeschmack von Gottes Gegenwart, und nun sehnt sie sich danach, ihn selbst zu sehen. Um in ihrem Bild zu bleiben: Wo solche Schafe sind, muss es ja wohl einen Hirten geben. Und mit dem hat wohl das »Bessere« in der Welt zu tun. »Ich sehne mich danach«, sagt Lise.

Nach der unsichtbaren Wirklichkeit Gottes und der direkten Nähe zum Schöpfer werden sich auch Menschen, die an Christus glauben, so lange sehnen, bis sie ihn tatsächlich einmal sehen. Das ist eine Sehnsucht, die wunderbar im dritten Kapitel des Hoheliedes Salomos beschrieben wird. Da finde ich Deine Lise wieder: »Des Nachts auf meinem Lager suchte ich, den meine Seele liebt. Ich suchte, aber ich fand ihn nicht.« Erst nach langer Suche begegnet sie dem, »den ihre Seele liebt«. In dieser Sehnsucht des Hoheliedes spiegelt sich unsere Sehnsucht nach Gott, haben die Kirchenväter gesagt, und auch die Sehnsucht Gottes nach uns. Ich finde, Du hast diese noch nicht völlig erfüllte Sehnsucht nach Gott in den Worten Deiner Lise wunderbar zart beschrieben. Es dankt Dir dafür

Dein ebenfalls noch wach gebliebener Leser.

Morgenlied eines Bauersmanns

mit Anmerkungen von meinem Vetter,
darin er mich zum besten hat

Da kömmt die liebe Sonne wieder,
    Da kömmt sie wieder her!
Sie schlummert nicht und wird nicht müder
    Und läuft doch immer sehr.

Sie ist ein sonderliches Wesen;
    Wenn's morgens auf sie geht,
Freut sich der Mensch und ist genesen
    Wie beim Altargerät.

Von ihr kommt Segen und Gedeihen,
    Sie macht die Saat so grün,
Sie macht das weite Feld sich neuen
    Und meine Bäume blühn.

Und meine Kinder spielen drunter,
    Und tanzen ihren Reih'n,
Sind frisch und rund und rot und munter,
    Und das macht all ihr Schein.

Was hab ich dir getan, du Sonne!
    Daß mir das widerfährt?
Bringst jeden Tag mir neue Wonne,
    Und bin's fürwahr nicht wert.

Du hast nicht menschliche Gebärde
    Du issest nicht wie wir;
Sonst holt' ich gleich von meiner Herde
    Ein Lamm und bräch' es dir,

Und stünd' und schmeichelte von ferne:
    »Iß und erquicke dich,
Iß, liebe Sonn', ich geb' es gerne,
    Und willst du mehr, so sprich.«

Gott in dem blauen Himmel oben,
    Gott denn belohn' es dir!
Ich aber will im Herzen loben
    Von deiner Güt und Zier.

Und weil wir ihn nicht sehen können,
    Will ich wahrnehmen sein
Und an dem edlen Werk erkennen,
    Wie freundlich er muß sein!

O! [sei] mir denn willkommen heute,
  [Sei] willkomm, schöner Held!
Und segn' uns arme Bauersleute
  Und unser Haus und Feld.

Bring unserm König heut' auch Freude
  Und seiner Frau dazu,
Segn' ihn und tu ihm nichts zu leide
  Und mach ihn mild wie du![37]

Lieber Matthias,

Du hast ja wohl wirklich die Himmelskörper geliebt. In den augenzwinkernden, spielerisch hochgelehrten Anmerkungen zu diesem Lied sagst Du, dass Du mit dem Mond »genug geliebäugelt« hast und dass jetzt auch mal wieder die Sonne dran ist. In diesem Morgenlied lässt Du einen Bauern sehr vertraulich von und mit der Sonne reden. Sie kommt für ihn scheinbar ganz menschlich daher, aber anders als er wird sie nicht müde, braucht überhaupt keinen Schlummer und ist ständig in Bewegung. Wenn man sie schon mit Menschen vergleichen will, muss man sie als »sonderliches Wesen« bezeichnen. Ähnlich wie die anderen Gedichte feiert Dein Morgenlied die Sonne aber vor allem als eine Quelle von Segen und Gedeihen und zählt auf, was sie für die Pflanzenwelt und die Menschen tut. Sie liefert dem Bauern nicht nur die Existenzgrundlage, sondern sorgt auch für die Lebensfreude seiner Familie.

Dieses Schwärmen von der unerschöpflichen Energie der Sonne lässt den Menschen ziemlich blass und schwach aussehen – macht ihn zumindest sehr demütig (»Und bin's fürwahr nicht wert«). Und dankbar. Deshalb möchte Dein Bauer der »lieben« Sonne auch etwas Gutes tun. So wie in den alten weihnachtlichen Kinderliedern die kleinen Hirten dem Kind in der Krippe ein Lamm bringen, würde er der Sonne am liebsten ein Geschenk machen. Da das aber schlicht nicht möglich ist, wünscht er dem Himmelskörper wenigstens, dass der Schöpfer ihm seine unermüdliche Arbeit zum Wohl der Menschen lohnt. Unversehens wendest Du damit meinen Blick mal wieder von der sichtbaren Schöpfung auf den unsichtbaren Schöpfer: Wenn die Sonne schon so »edel« ist, wie edel und freundlich muss dann der sein, der sie geschaffen hat!

Im Blick auf den Schöpfer wird das Lied Deines Bauern zum Gebet. Haus und Feld, Arme und Reiche brauchen den Segen Gottes, und dem Menschenkörper tut er mit der Sonne ebenso wohl wie der Menschenseele durch das Abendmahl. Selbst der König samt seiner Frau braucht ihn. Dass Du ein lebenslanger Befürworter der Monarchie warst, hindert Dich nicht daran, den König sanft zur Menschenfreundlichkeit zu ermahnen (schließlich sagst Du, dass der König erst noch mild gemacht werden muss …). Diese Ermahnung ist eingebettet in Dein tiefes Vertrauen auf einen gütigen, wohltätigen und milden Gott.

Eine solche Liebesbeziehung zur Sonne können sich viele meiner Zeitgenossen gar nicht vorstellen, weil sie ihnen rückständig, naiv und unvernünftig erscheint. Aber hat die menschliche Vernunft wirklich so große Fortschritte gemacht? Und wenn – in welche Richtung ist sie fortgeschritten? Vielleicht hattest Du ja mit Deinem kleinen Zweizeiler recht: »Im Anfang war die Erde leer, am Ende sind's die Köpfe mehr.«[38] Wenn Du heute lebtest, würdest Du vermutlich den Kopf darüber schütteln, wie selbstverständlich wir die Sonne als alternative Energiequelle vereinnahmen, nur damit unser aufwendiger Lebensstil sich nicht ändern muss. Keinem Solarberater würde es einfallen, bei seinen Kapazitätsberechnungen von den Anwesenheitsstunden der »lieben Sonne« zu reden. Bräunungsquelle? Gern. Urlaubsspaßgarant? Aber immer. Ersetzbar? Klar: Sonnenbank. Hautkrebsrisiko? Leider. Vermutlich liegt unser prosaischer Umgang mit der Sonne daran, dass sie für viele von uns nicht mehr als Werk eines Schöpfers zählt, dem man dann so von Herzen dankbar sein kann, wie Du es bist. Ich glaube, ich sage heute Morgen der Sonne mit Deinen Worten einfach ein herzliches »Sei willkommen«. Dafür, dass Du mich auf die Idee gebracht hast, dankt Dir

Dein gerade erst aufgestandener Leser.

Der glückliche Bauer

Vivat der Bauer, Vivat hoch!
  Ihr seht es mir nicht an;
Ich habe nichts und bin wohl doch
  Ein großer reicher Mann.

Früh morgens, wenn der Tau noch fällt,
  Geh' ich vergnügt im Sinn
Gleich mit dem Nebel 'naus aufs Feld
  Und pflüge durch ihn hin;

Und sehe, wie er wogt und zieht,
  Rund um mich nah und fern,
Und sing' dazu mein Morgenlied
  Und denk' an Gott, den Herrn;

Die Krähen warten schon auf mich
  Und folgen mir getreu,
Und alle Vögel regen sich
  Und tun den ersten Schrei;

Indessen steigt die Sonn' herauf,
  Und scheinet hell daher –
Ist so was auch für Geld zu kauf,
  Und hat der König mehr?

Und wenn die junge Saat aufgeht;
    Wenn sie nun Ähren schießt;
Wenn so ein Feld in Hocken steht;
    Wenn Gras gemähet ist etc.

O wer das nicht gesehen hat,
    Der hat des nicht Verstand.
Man trifft Gott gleichsam auf der Tat –
    Mit Segen in der Hand;

Und sieht's vor Augen: wie er frisch
    Die volle Hand ausstreckt,
Und wie er seinen großen Tisch
    Für alle Wesen deckt.

Er deckt ihn freilich, Er allein!
    Doch hilft der Mensch und soll
Arbeiten und nicht müßig sein.
    Und das bekömmt ihm wohl.

Denn, nach dem Sprichwort, Müßiggang
    Ist ein beschwerlich Ding
Und schier des Teufels Ruhebank
    Für vornehm und gering.

Mir macht der Böse keine Not;
    Ich dresch' ihn schief und krumm
Und pflüg' und hau' und grab' ihn tot
    Und mäh' ihn um und um.

Und wird's mir auch bisweilen schwer;
    Mag's doch! Was schadet das?
Ein guter Schlaf stellt alles her,
    Und morgen bin ich baß [besser];

Und fange wieder fröhlich an
    Für Frau und Kind. Für sie
So lang ich mich noch rühren kann,
    Verdrießt mich keine Müh'.

Ich habe viel, das mein gehört,
    Viel Gutes hin und her. –
Du droben! hast es mir beschert;
    Beschere mir noch mehr.

Gib, daß mein Sohn dir auch vertrau',
    Weil du so gnädig bist;
Lieb ihn und gib ihm eine Frau
    Wie seine Mutter ist.[39]

Ich bin kein Frühaufsteher,

lieber Matthias. Überhaupt nicht. Dazu arbeite ich nachts zu lange – lese, schreibe, denke nach. Aber wenn es stimmt, dass ich früh am Morgen Gott auf frischer Tat ertappen kann, dann muss ich mir ganz dringend mal den Wecker auf die Zeit stellen, zu der die Nebel übers Land wogen. Die Zeit, zu der ich die Gelegenheit habe, den ersten Schrei der Krähen zu hören und den ersten Sonnenstrahl zu genießen und frisch gemähtes Gras zu riechen. Alles das, sagst Du, sind Zeichen dafür, dass Gott am Werk ist und allen Wesen den Tisch deckt.

Einer Deiner Zeitgenossen hat Dich ja mal als jemand beschrieben, »dessen Herz aufwallte, wenn er einen Bauern und einen grünen Baum erblickte«.[40] Weil Du aber selbst nie als richtiger Bauer gearbeitet hast, denken manche Menschen, dass Dich Deine Begeisterung ein wenig wirklichkeitsblind gemacht hat.

»Der hat wohl keine Ahnung, wie schwer einem Bauern Tag für Tag das frühe Aufstehen fallen kann«, knurrt der moderne Landwirt. – »Der ignoriert einfach die Tatsache, dass Vogelschwärme, Schädlinge und Unwetter die ganze Ernte vernichten können«, gibt der Botaniker zu bedenken. »Der war ja selbst kein Bauer und hatte überhaupt ein ziemlich problematisches Verhältnis zu kontinuierlicher Arbeit«, sinniert der Biograf. Klar, sie haben ja alle irgendwie ein bisschen recht. Das ist schon sehr idyllisch, was Du uns hier vor Augen malst. Den Habenichts nennst Du einen reichen Mann? Wolltest Du mit Deinem Lob des einfachen Lebens etwa alle Habenichtse ruhigstellen und damit die ungleichen ökonomischen Verhältnisse in dieser Welt stabilisieren?

Nein, man kann das ja auch ganz anders sehen. Du stellst dem praktischen Materialismus Deiner und meiner Zeit unermüdlich ein Kontrastprogramm vor Augen. Wenn ein Mensch, der auf der Einkommensleiter nicht sehr weit oben steht, sich dennoch als reich bezeichnet, stellt das zumindest die traditionelle Definition von »Reichtum« infrage. Dein Bauer will nicht etwa noch mehr materielle Besitztümer, sondern Dinge, die nicht zu zählen und zu verzinsen sind: dass sein Sohn Gott vertraut und dass er eine so wundervolle Ehefrau wie seine Mutter findet. Glaube und Liebe als Mehrwert des Lebens – wer die von Gott erbittet und wer in die investiert, ist wohl wirklich aus dem Blickwinkel der Ewigkeit reicher als ein ökonomisch erfolgreicher, aber mehrfach geschiedener, vereinsamter Multimillionär, der dem Himmel die kalte Schulter zeigt und Gottes Geschenke für seinen eigenen Verdienst hält.

Deine Dankbarkeit ist dann auch der Schlüssel bei der Suche nach einer guten Balance zwischen Arbeit und Ruhe. Wer dankbar und in fröhlicher Selbstbescheidung erkennt, dass der Erfolg auch der fleißigsten und besten eigenen Arbeit letztlich doch von Gott abhängt, wird ein Stück gelassener mit eigenen Verdiensten und Verlusten umgehen. Dass Gott – »Er allein!« – seinen Geschöpfen den Tisch deckt, heißt ja nicht, dass der Mensch nicht aufgerufen ist, ihm zu helfen und nicht müßig zu sein. »Und das bekömmt ihm wohl.« Das erinnert mich an einen Choral Georg Neumarks, der sowohl von »des Himmels reichem Segen« redet als auch die klare Arbeitsanweisung beinhaltet: »Verricht das Deine nur getreu«. Kann es sein, dass der Weg zwischen dem »Müßiggang« auf der einen Seite und dem Aktionismus bis zum Burnout auf der anderen tatsächlich in einer gelungenen Arbeitsteilung zwischen Gott und Mensch besteht? Ich glaube, Du gibst meinem Zeitalter hier hilfreichere Vorschläge zur *Work-Life-Balance*, als sie heute bei vielen smarten *Personality Coaches* zu finden sind (verzeih das heute allgegenwärtige Neudeutsch). Um die praktische Umsetzung alles dessen bemüht sich nach Kräften

Dein fröhlich durch den Morgen pflügender Leser.

In der Allee zu Pyrmont

Morgens beim Aufgang der Sonne

EINIGE BRUNNENGÄSTE:
Da kommt sie her. Der Berg frohlocket laut
    Und bringt ihr seinen Rauch!
Das Tal frohlockt, geschmückt wie eine Braut!
    Und wir frohlocken auch!
ALLE:
    Und wir frohlocken auch!

EINIGE:
Auf, denkt an den, der sie geschaffen hat!
    Der ist ein großer Herr!
Held, Friedefürst und Vater, Kraft und Rat!
    Und keiner ist wie Er!
ALLE:
    Und keiner ist wie Er!

EINIGE:
Ihm wird's nicht Tag; Er hat kein Schlafgemach!
    Er schläft und schlummert nicht!
Sein Vaterherz ist ewig, ewig wach!
    Und ewig Lieb' und Licht!
ALLE:
    Und ewig Lieb' und Licht!

EINIGE:
Er sitzt dort hoch in stiller Einsamkeit
    Und sinnt auf unser Wohl,
Den großen Schoß voll Wohltat weit und breit,
    Und beide Hände voll;
ALLE:
    Und beide Hände voll;

EINIGE:
Und sieht herab auf Sterne, Land und Meer
    Mit unverwandtem Blick!
Sieht seine Kinder alle rund umher,
    Ihr Elend und ihr Glück!
ALLE:
    Ihr Elend und ihr Glück!

EINIGE:
Er sieht auch uns hier, traurig, arm und bleich
    An Stock und Krücken gehn –
Dort fließt der Brunnen, daß er wieder reich
    Und froh uns mach' und schön![41]

Danke, lieber Matthias,

dass Du heute morgen in Deinem Lied so schnell zur Sache kommst. Man hat beim Lesen kaum einmal geblinzelt, und schon ist die Schilderung eines Tagesanfangs zu einem Anbetungslied geworden. Die Brunnengäste in Deinem mondänen Lieblingskurort Bad Pyrmont erleben einen Sonnenaufgang und geraten bei diesem Anblick regelrecht in Verzückung. Aber kaum fangen sie an, ihrem Enthusiasmus Ausdruck zu geben, benutzen sie schon Worte, die Du in der Bibel gefunden hast, bevor Du sie ihnen in den Mund legtest.

Dass ein Berg »frohlocket«, denkt man sich ja nicht einfach *en passant* aus; ich vermute, dass Dir das eingefallen ist, weil Du Psalm 98:8-9 kanntest: »Die Ströme sollen frohlocken, und alle Berge seien fröhlich vor dem Herrn, denn er kommt, das Erdreich zu richten.« Auch dass das Tal »geschmückt wie eine Braut« sein soll, hast Du Dir nicht selbst zurechtgelegt. Das hattest Du als Bibelleser im Kopf, als Kenner der Offenbarung des Johannes, wo das neue Jerusalem beschrieben wird, »bereitet wie eine geschmückte Braut für ihren Mann« (21:2). Wunderbar, dass Du mir hier nicht einen simplen Bildercocktail servierst, sondern einen Aperitif mit Vorgeschmack auf das, was noch kommt.

Mit der Beschreibung der im Licht der Sonne erwachenden Schöpfung bringst Du nicht nur Gottes Wort ins Spiel, sondern gleich den Schöpfer selbst. Und das wird im Refrain denn auch dick unterstrichen: »Und keiner ist wie Er!« Du gehst keine Umwege – vom ersten Augenblick an ist dieser Tag dazu da, dass wir in vielen Einzelheiten Gott, den »großen Herrn«, erkennen. Aber dabei sollen wir uns nicht mit einem verschwommenen Gefühl von Erhabenheit begnügen. Du schnürst alle diese Eindrücke mit Bibelworten zusammen, die klar auf Gott, den Urheber alles Lebens, hinweisen. Da kommen Propheten zur Sprache (Jesaja 9:5), Psalmen (Psalm 121:4) und Apostelbriefe (z. B. 1. Johannes 2:10). Das geht weit über die Gott-im-Wald-begegnen-Phrasen hinaus, mit denen wir uns gern den allzu konkreten Kontakt mit dem Allmächtigen vom Leib halten.

Deine Kurgäste würden in ihrer Gebrechlichkeit, mit ihren Stöcken und Krücken, wohl wirklich auf Dauer traurig, arm und bleich bleiben, wenn sie ihre Heilung und Erlösung nur in der Natur suchten. Aber von einem gütigen Gott zu wissen, der den Schoß voller Wohltaten hat und nur darüber nachdenkt, wie er seinen Menschen wohltun kann, verleiht der Hoffnung Flügel. Dass der barmherzige Schöpfer sich den heilenden Mineralbrunnen ausgedacht hat, macht die Brunnengäste nicht nur dankbar, sondern schon im Vorgriff auf eine Linderung froh.

Ist Dein Morgenlied da nicht zu optimistisch? Verschließt Du hier die Augen vor dem Leid und den Schmerzen, die Krankheiten in einem Menschenleben hervorbringen können? Nein, in anderen Versen bist Du durchaus ein größerer Realist als viele wissenschaftliche oder esoterische Heiler meiner Zeit mit ihren haltlosen Erfolgsversprechen. »Ein Lied für Schwindsüchtige« zum Beispiel beschreibt in vielen Details und Bildern das langsame Siechtum der Tuberkulosekranken: »Die Blume, die der Wurm zersticht, Welkt jämmerlich dahin!« Dieses Lied findet erst nach vielen handfesten Klagen zu einem vorsichtigen Trost, der das Leiden als Übergang zur Ruhe in Gott begreift.[42] Ich danke Dir für solche ehrlichen Blicke auf die Schmerzen und die Unausweichlichkeit des Todes, aber auch für die hoffnungsvollen Blicke auf die Fürsorge Gottes und die endgültige Zukunft bei ihm. In Gedanken mit den Brunnengästen singend grüßt Dich

Dein in die Morgensonne blinzelnder Leser.

Mittag

Täglich zu singen

Ich danke Gott und freue mich
    Wie 's Kind zur Weihnachtsgabe,
Daß ich bin, bin! Und daß ich dich,
    Schön menschlich Antlitz! habe;

Daß ich die Sonne, Berg und Meer
    Und Laub und Gras kann sehen
Und Abends unterm Sternenheer
    Und lieben Monde gehen;

Und daß mir denn zu Mute ist,
    Als wenn wir Kinder kamen
Und sahen, was der heil'ge Christ
    Bescheret hatte, Amen!

Ich danke Gott mit Saitenspiel,
    Daß ich kein König worden;
Ich wär' geschmeichelt worden viel
    Und wär' vielleicht verdorben.

Auch bet' ich ihn von Herzen an,
    Daß ich auf dieser Erde
Nicht bin ein großer reicher Mann
    Und auch wohl keiner werde.

Denn Ehr' und Reichtum treibt und bläht,
   Hat mancherlei Gefahren,
Und vielen hat's das Herz verdreht,
   Die weiland wacker waren.

Und all das Geld und all das Gut
   Gewährt zwar viele Sachen;
Gesundheit, Schlaf und guten Mut
   Kann's aber doch nicht machen.

Und die sind doch, bei Ja und Nein!
   Ein rechter Lohn und Segen!
Drum will ich mich nicht groß kastei'n
   Des vielen Geldes wegen.

Gott gebe mir nur jeden Tag,
   So viel ich darf zum Leben.
Er gibt's dem Sperling auf dem Dach;
   Wie sollt' er's mir nicht geben![43]

Lieber Matthias,

dieses Gedicht lese ich einfach mal zur Tagesmitte,
denn in ihm treffen sich die Wünsche des Morgens
mit der Weisheit des Abends. Beim Aufwachen habe
ich mir gewünscht, heute einfach richtig intensiv zu
leben – womöglich noch intensiver als gestern – und
jeden Augenblick mit allen Sinnen wahrzunehmen.
Du scheinst ähnliche Wünsche gehabt zu haben: Du
bedankst Dich bei Gott allein schon für Dein bloßes
Dasein, und Du sagst es gleich zweimal: »dass ich bin,
bin«. Beim allerersten Lesen hielt ich das natürlich für
einen Druckfehler, aber ich kenne das ja inzwischen
von Dir: Manchmal willst Du etwas einfach dick unter-
streichen und sagst es deshalb doppelt.

Die Geschenke Gottes, die Du dann weiter in Deinen Strophen auspackst, sind von der Art, die man
leicht übersieht. Aber Dich bringen sie immer wieder
zum Dankeschön-Sagen – das eigene Gesicht zum Beispiel. Mal ehrlich: Hattest Du wirklich ein so schönes
Gesicht? Und wenn wir schon dabei sind: Würdest Du
auch mein Gesicht für so schön halten, dass ich Gott
dafür danken kann? Sofort muss ich an Gesichter denken, die ich für sehr viel schöner halte – vielleicht, weil
sie mir das Fernsehen schon oft vorgeführt hat. Kann
ich mich bei solcher Konkurrenz über mein Gesicht
freuen? Ja, sagst Du. In Gottes Augen bin ich schön.
Mein Schöpfer sagt das, was ein altes jiddisches Lied

von Shalom Secunda einmal so ausdrückte: »Bei mir biste scheen.«

Als Nächstes packst Du die Sinneseindrücke dieses Tages aus und freust Dich an der Fähigkeit, die Schöpfung Gottes Tag und Nacht in ihrer ganzen Vielfalt wahrzunehmen. Besonders beeindruckt mich, wie Du sogar über Deine kindliche Fähigkeit zum Staunen staunst. Diese Fähigkeit ist heute vielen von uns wohl verloren gegangen, denn wenn alles wissenschaftlich untersucht, getestet und dokumentiert worden ist, bleibt – so meinen wir – gar kein Platz mehr zum Staunen. Und doch kann es gelingen, wenn wir diese Welt nicht als zufällig entstanden, sondern als liebevoll geschaffen begreifen. Dann staunen wir und können mit Dir nur sagen: Amen.

Die nächsten Geschenke unter Deinem täglichen Christbaum sind die Dinge, die Dir erspart geblieben sind: Macht und Ehre und Reichtum, und du beschreibst mit wenig appetitlichen Bildern aus dem Bereich des menschlichen Stoffwechsels, was Du von ihnen hältst: sie treiben und blähen. Da regt sich natürlich sofort der Widerspruch des modernen Lesers: Ist es wirklich so erstrebenswert, machtlos, unbekannt und arm zu sein? Aber ich glaube, Du bist gar nicht so weltfremd, wie es klingt. Was waren denn die Gründe für die finsteren Diktaturen des 20. Jahrhunderts, wenn nicht grenzenloser Ehrgeiz und die Faszination durch die Macht? Wodurch wurden denn die verschiedenen

Wirtschaftskrisen unseres noch jungen Jahrhunderts ausgelöst, wenn nicht durch die risikoreichen Spekulationen von ungebremsten Möchtegernreichen? Und dass es sich für uns Einzelne nicht lohnt, Gesundheit, Schlaf und guten Mut gegen Geld und äußere Annehmlichkeiten einzutauschen, liegt ja wohl auf der Hand.

Ich finde das, was Du sagst, auch im Blick auf die irrigen Meinungen wichtig, die über den christlichen Glauben im Umlauf sind. Da predigen doch manche Pastoren tatsächlich, dass man durch das Halten der Gebote Gottes reich und erfolgreich werden kann – und merken gar nicht, dass sie damit unsere geheime Gier fördern. Dass sie unser endgültiges Ziel auf die Erde verlagern. Aber haben nicht schon vor langer Zeit Hiob und seine Freunde lernen müssen, dass ein Leben mit Gott nicht automatisch äußeres Wohlergehen garantiert?

Nein, es sind nicht die Dümmsten, die mir einfach eine Bedarfsrechnung empfehlen und mich fragen, was ich denn eigentlich wirklich zum Leben brauche. Du schlägst mir als grundsätzliche Antwort die Bergpredigt vor, wo Jesus sagt: »Seht die Vögel unter dem Himmel an: sie säen nicht, sie ernten nicht, sie sammeln nicht in die Scheunen; und euer himmlischer Vater ernährt sie doch. Seid ihr denn nicht viel mehr als sie?« (Matthäus 6:26). Das scheint überhaupt nicht in die gegenwärtige Welt der Versicherungspolicen und Anlageberatungen, der Aktienkurse und der Börsenmakler zu passen. Aber es passte wohl auch nicht in die Zeit, in der Jesus lebte. Sonst hätte er es ja gar nicht zu sagen brauchen. Ich lasse mich jedenfalls heute Mittag davon herausfordern und werde noch einmal neu die Dinge zusammenrechnen, derer ich zum Leben bedarf. Klar gemacht hast Du mir auf alle Fälle, dass ich jubelnd sagen kann: »Ich bin, bin.« Dafür, dass Dein Sperling mir das vom Dach gezwitschert hat, dankt Dir

Dein ab heute täglich dieses Lied singender Leser.

Abend

Abendlied eines Bauersmanns

Das schöne große Tag-Gestirne
    Vollendet seinen Lauf;
Komm, wisch den Schweiß mir von der Stirne,
    Lieb Weib, und denn tisch auf!

Kannst hier nur auf der Erde decken,
    Hier unterm Apfelbaum;
Da pflegt es abends gut zu schmecken,
    Und ist am besten Raum.

Und rufe flugs die kleinen Gäste,
    Denn hör, mich hungert's sehr;
Bring auch den kleinsten aus dem Neste,
    Wenn er nicht schläft, mit her.

Dem König bringt man viel zu Tische;
    Er, wie die Rede geht,
Hat alle Tage Fleisch und Fische
    Und Panzen und Pastet;

Und ist ein eigner Mann erlesen,
    Von andrer Arbeit frei,
Der ordert ihm sein Tafelwesen
    Und präsidiert dabei.

Gott laß ihm alles wohl gedeihen!
    Er hat auch viel zu tun
Und muß sich Tag und Nacht kasteien,
    Daß wir in Frieden ruhn.

Und haben wir nicht Herrenfutter;
    So haben wir doch Brot
Und schöne, frische reine Butter
    Und Milch, was denn für Not?

Das ist genug für Bauersleute,
    Wir danken Gott dafür,
Und halten offne Tafel heute
    Vor allen Sternen hier.

Es präsidiert bei unserm Mahle
    Der Mond, so silberrein!
Und kuckt von oben in die Schale
    Und tut den Segen h'nein.

Nun Kinder esset, eßt mit Freuden,
    Und Gott gesegn' es euch!
Sieh, Mond! ich bin wohl zu beneiden,
    Bin glücklich und bin reich![44]

Lieber Matthias,

Arbeitstag und Nachtruhe, Anstrengung und Entspannung, berufliche und familiäre Umgebung: Aus solchen Abwechslungen bestand nicht nur Dein Leben damals im 18. und 19. Jahrhundert. Auch das 21. Jahrhundert kennt solche Rhythmen, und weil sie uns durch die Zwänge unserer Wirtschaftsordnung verloren zu gehen drohen, bin ich froh, dass Du sie mir neu in den Blick rückst. Wir Städter winken ja leicht ab, wenn wir von Dichtern die Schönheiten des bäuerlichen Lebens vorgeführt bekommen, und Demokraten von heute denken vorschnell, dass Dein Bauernlied ihnen nichts mehr zu sagen hat, weil hier von einem König die Rede ist.

Du warst zugegebenermaßen selbst kein richtiger Bauer, aber Du schilderst uns die Szenerie dieses Gedichts trotzdem sicher aus eigener Erfahrung. Gibt es ein verführerischeres Bild als ein gemeinsames Abendbrot im Familienkreis unter dem Apfelbaum? »Landlust« dieser Art gehört zu den Sehnsüchten unserer technisierten Zivilisation: Eine Decke wird auf das Gras gelegt, Brot, Butter und Milch stehen bereit, und die Kinder dürfen auf dem Boden sitzen. Der Schweiß von der Arbeit des Tages wird abgewischt, und es wird eine »offene Tafel« gehalten. Unter dem Licht von Sonne, Mond und Sternen kann der Tag ausklingen und das einfache, aber köstliche Essen genossen werden.

Du lässt mich nicht nur aus der Ferne teilhaben an der weltoffenen, heiteren Gastfreundschaft der Familie Claudius in Wandsbek, die trotz finanzieller Engpässe immer irgendwelche Gäste hatte, sich auf sie einstellte und mit ihnen die Früchte des Gartens teilte. Du bist in der ausführlichen Beschreibung von gesunder und ungesunder Ernährung weitaus aktueller als viele Autoren Deiner Zeit – wer von Deinen Zeitgenossen hat sich so früh und umfassend zu Ernährungsfragen geäußert wie Du? Die entsprechenden Reformbewegungen fingen doch alle fast ein Jahrhundert später an. Doch Du warst Deiner Zeit voraus und redest noch bis mitten in unsere kalorienbewussten Tage hinein. Und wer sich heute bemüht, sich biologisch nachhaltig, erzeugernah und dennoch preisgünstig zu ernähren, findet sich in Deiner Schilderung sicher bestätigt.

Offene Tafel? Wie so oft hilft Dir der neidlose Blick auf die Reichen und Mächtigen zu einer realistischen Einschätzung Deiner eigenen Situation. Da mag es Menschen geben, die hinter den Türen ihrer Villen oder Paläste die teuersten Delikatessen verzehren und eigens für die Tafel angestelltes Personal haben, aber sind die deshalb glücklicher als der einfache Bauer? Klar – fabelhafte Festtagsgerichte wie Fleisch und Fische, Innereien und Pasteten können aus der Sicht einfacher Leute verlockend sein, aber missgünstig wirst Du deshalb nicht. Sind denn die Leckereien *à la longue* etwa gesünder? An anderer Stelle hast du mal

Kartoffeln als »Magenpflaster« empfohlen und festgestellt:

Und viel Pastet und Leckerbrot
  Verdirbt nur Blut und Magen.
Die Köche kochen lauter Not,
Sie kochen uns viel eher tot;
  Ihr Herren, laßt euch sagen![45]

Und apropos »alle Tage«: Wer ständig die erlesensten Speisen isst, der weiß irgendwann nicht mehr, wie gut er es hat. Wer nicht mehr den Unterschied zwischen Alltag und Festtag kennt, zwischen dem Ordinären und dem Besonderen, dem entgeht jenes Extra an Genuss, das man nur durch den Rhythmus von Fasten und Feiern erreicht. Erst wer zum Beispiel nach sieben Wochen Fasten wieder den ersten Schluck Wein auf der Zunge spürt, weiß, wie gut Wein schmecken kann. Außergewöhnliche Gaumenfreuden haben wir nur, wenn nicht das Außergewöhnliche zum Gewöhnlichen geworden ist. Aber wem sage ich das?

Nein, das »Herrenfutter« macht Deinen Bauern überhaupt nicht neidisch – eher im Gegenteil. Statt von einem *Maître d'hotel* und einem Hofstaat verwöhnt zu werden, fühlt er sich in der Gesellschaft des silberreinen Mondes und der Sterne wohl. Seine Freude über »Brot, und schöne, frische reine Butter und Milch« geht so tief, dass er sagen kann: ». . . ich bin wohl zu beneiden, bin glücklich und bin reich!« Bestimmt liegt das auch an Gottes Segen, den er für seine Familie erbittet. Das kleine Wort »glücklich« verrät mir, dass Du alles andere als eine verbiesterte Kalorienangst predigst. Ich spüre bei Dir auch keinen diätmissionarischen Eifer, wie ich ihn heute in jeder dritten Talkshow beobachte. Du machst die Beschäftigung mit Ernährungsfragen nicht zur Religion. An Deinen ältesten Sohn Johannes hast Du einmal geschrieben: »Sorge für Deinen Leib, doch nicht so, als wenn er Deine Seele wäre.«[46] Da kann ich nur sagen: Wie recht du hast –

Dein an Leib und Seele entspannter Leser.

Ein Wiegenlied bei Mondschein zu singen

So schlafe nun, du Kleine!
    Was weinest du?
Sanft ist im Mondenscheine
    Und süß die Ruh'.

Auch kommt der Schlaf geschwinder,
    Und sonder Müh';
Der Mond freut sich der Kinder
    Und liebet sie.

Er liebt zwar auch die Knaben,
    Doch Mädchen mehr,
Gießt freundlich schöne Gaben
    Von oben her

Auf sie aus, wenn sie saugen,
    Recht wunderbar;
Schenkt ihnen blaue Augen
    Und blondes Haar.

Alt ist er wie ein Rabe,
    Sieht manches Land;
Mein Vater hat als Knabe
    Ihn schon gekannt.

Und bald nach ihren Wochen
  Hat Mutter 'mal
Mit ihm von mir gesprochen:
  Sie saß im Tal.

In einer Abendstunde,
  Den Busen bloß,
Ich lag mit offnem Munde
  In ihrem Schoß.

Sie sah mich an, für Freude
  Ein Tränchen lief,
Der Mond beschien uns beide,
  Ich lag und schlief;

Da sprach sie! »Mond, o! scheine,
  Ich hab' sie lieb,
Schein Glück für meine Kleine!«
  Ihr Auge blieb

Noch lang am Monde kleben,
  Und flehte mehr.
Der Mond fing an zu beben,
  Als hörte er.

Und denkt nun immer wieder
  An diesen Blick,
Und scheint von hoch hernieder
  Mir lauter Glück.

Er schien mir unterm Kranze
  Ins Brautgesicht,
Und bei dem Ehrentanze;
  Du warst noch nicht.[47]

Lieber Matthias,

eines muss ich Dir lassen: Du bist sehr wandlungs- oder zumindest einfühlungsfähig. Mal schlüpfst Du in die Haut eines alten Invaliden, mal wirst Du in Deinen Gedichten zu einem heranwachsenden Verliebten oder zu einem verheirateten »Bauersmann«. Heute Abend wirst Du sogar zu einer jungen Mutter, die beim Stillen in einer unendlich zärtlichen Weise zu ihrer kleinen Tochter spricht.

Diese Mutter fabuliert, flüstert, summt und singt ihrem weinenden Kind dies und jenes über den Mond vor. In ihren Versen fühlt und handelt er wie eine lebende Person, kann sich freuen, liebt, verteilt Gaben, sieht und hört, erbebt und schenkt Glück. Gleichzeitig lernen wir Deine junge Mutter als kleines Kind kennen, das von ihrer eigenen Mutter gestillt wurde, und als Braut und Ehefrau, die dann selbst zur Mutter wurde. Einen Reigen von Generationen lässt Du unter den Augen des Mondes und vor unseren Augen tanzen, und das Wiegenlied wird ohne große Gesten zur Geschichtsstunde.

Wie wäre es, wenn wir nicht solche dauerhaften Orientierungspunkte hätten wie den Mond – der alt ist »wie ein Rabe«? Von oben gesehen, aus der Mondperspektive, lebt jeder von uns in einer langen Reihe von Generationen, und das heißt, dass es vor uns und nach uns Menschen gegeben hat und geben wird. Deine junge Mutter nimmt ganz selbstverständlich ihren Platz zwischen den Müttern vor und hinter ihr ein. Auch ich heute möchte nicht so tun, als könnte ich von den vergangenen Generationen nichts mehr lernen und als könnte es mir gleichgültig sein, was aus den folgenden Generationen wird.

Es gibt ja – sicher heute genau wie damals in Deiner Epoche – die drei alten Gefahren beim Umgang mit der Zeit. Entweder wir leben vorwiegend in unseren Erinnerungen, in der Vergangenheit, und würden am liebsten alles wieder so haben, wie es früher war. Oder wir hecheln ständig unserem eigenen Tag voraus, indem wir nur alles Neue feiern und die Gegenwart und die Vergangenheit verachten. Der dritte populäre Fehler ist, nur für den Moment zu leben und uns selbst für den Mittelpunkt des Universums zu halten. Es hat sicher einen großen Wert, den jetzigen Augenblick zu genießen und sich darauf zu konzentrieren, dieser Minute die nötige Aufmerksamkeit und Kraft zu widmen. Aber die Vergangenheit und die Zukunft völlig auszublenden, kann die Lösung nicht sein.

Nein, genau wie Du und die junge Mutter in Deinem Wiegenlied möchte ich nicht in fröhlich-unbedarfter Hochnäsigkeit meinen eigenen Lebensaugenblick für den einzig wichtigen in der Geschichte halten. Er habe seine wissenschaftlichen Erkenntnisse nur erreichen können, weil er auf den Schultern von Riesen gestanden habe, sagte noch vor Dir der große Isaac Newton.

Weder haben wir uns selbst erfunden, noch haben wir die Zivilisation geschaffen, auf die wir so stolz sind. Wir Spätgeborenen benehmen uns heute zwar weithin so, als wären wir die letzte Generation auf Erden, aber auch wir haben noch die Chance umzudenken. Darin fühlt sich mit Dir einig

Dein noch etwas später als Du geborener Leser.

Abendlied

Der Mond ist aufgegangen,
Die goldnen Sternlein prangen
    Am Himmel hell und klar;
Der Wald steht schwarz und schweiget,
Und aus den Wiesen steiget
    Der weiße Nebel wunderbar.

Wie ist die Welt so stille,
Und in der Dämmrung Hülle
    So traulich und so hold!
Als eine stille Kammer,
Wo ihr des Tages Jammer
    Verschlafen und vergessen sollt.

Seht ihr den Mond dort stehen? –
Er ist nur halb zu sehen,
    Und ist doch rund und schön!
So sind wohl manche Sachen,
Die wir getrost belachen,
    Weil unsre Augen sie nicht sehn.

Wir stolze Menschenkinder
Sind eitel arme Sünder,
  Und wissen gar nicht viel.
Wir spinnen Luftgespinste
Und suchen viele Künste,
  Und kommen weiter von dem Ziel.

Gott, laß uns dein Heil schauen,
Auf nichts Vergänglichs trauen,
  Nicht Eitelkeit uns freun!
Laß uns einfältig werden,
Und vor dir hier auf Erden
  Wie Kinder fromm und fröhlich sein!

Wollst endlich sonder Grämen
Aus dieser Welt uns nehmen
  Durch einen sanften Tod!
Und wenn du uns genommen,
Laß uns im Himmel kommen,
  Du unser Herr und unser Gott!

So legt euch denn, ihr Brüder,
In Gottes Namen nieder;
  Kalt ist der Abendhauch.
Verschon uns, Gott! mit Strafen,
Und laß uns ruhig schlafen!
  Und unsern kranken Nachbar auch![48]

Lieber Matthias,

was kann ich zu diesem Lied, zu Deiner Antwort auf Paul Gerhardts »Nun ruhen alle Wälder«,[49] noch anmerken? Vermutlich ist bis heute alles schon einmal zu »Der Mond ist aufgegangen« gesagt worden. Mich begleitest Du mit Deinen so wundervoll unangestrengt daherkommenden Strophen einfach ans Ende eines beliebigen Tages in meinem Leben. Da stellen sich bei mir ganz von selbst die Fragen ein: War es ein guter Tag? Wird irgendjemand heute Abend sagen, dass es hilfreich war, mir zu begegnen? Waren meine Ängste von heute früh unberechtigt? Welche freundlichen Überraschungen habe ich erlebt? Aber auch: Freue ich mich vielleicht zu früh über diesen Tag und kommt das dicke Ende erst morgen? Habe ich Chancen verpasst? Bin ich in dem, was ich geschafft habe, hinter meinen Kräften und Begabungen zurückgeblieben? Habe ich, ohne es zu merken, Menschen wehgetan?

Je länger ich nachdenke, desto mehr wächst in mir die Ahnung, dass heute möglicherweise Dinge geschehen sind, die ich gar nicht mitbekommen habe, und es verdichtet sich die Gewissheit, dass meine Augen sowieso nicht alles sehen. »Nur halb zu sehen« ist die Wirklichkeit meines Lebens, und deshalb sollte ich wohl immer vorsichtiger werden mit vollmundigen Urteilen über dies und das – darüber, ob etwas richtig ist oder nicht. Kann ich mit dieser eingeschränkten

Sicht jemals von mir aus behaupten, dass etwas wahr ist oder falsch? Deinem Sohn Johannes hast Du ganz richtig einmal den Rat gegeben: »Die Wahrheit richtet sich nicht nach uns, lieber Sohn, sondern wir müssen uns nach ihr richten.«[50]

Ich finde es gut und tröstlich, lieber Matthias, dass Du in Deinem Abendlied nicht eine heile Wohlfühlwelt beschwörst. So viele dunkle Seiten unseres Lebens werden hier erwähnt – Jammer, Krankheit, Tod und Sünde –, dass Du auch hättest schreiben können: »So sind wohl manche Sachen, die wir hier nur beweinen.« Vielleicht ist es unsere Eitelkeit, die uns die Augen vor dem ganzen Ausmaß der Schatten in unserem Leben verschließt. Weil wir am liebsten ein ungetrübt schönes Leben haben wollen, passen die Erinnerungen an unsere unerledigten, verdrängten, unbeherrschbaren Tagesordnungspunkte nicht in unseren abendlichen Kassensturz. Und doch sind sie da. Sie wahrzunehmen, wie Dein Abendlied es tut, sie aber dann getrost in die Hände Gottes zu legen, ist eine gute und notwendige Übung vor der Nacht.

Aber sprichst Du nicht eigentlich noch von etwas ganz anderem, was nur halb zu sehen ist? »Gott, lass uns dein Heil schauen, auf nichts Vergänglichs trauen . . . .« Unser begrenzter Blick traut viel zu leicht auf das, was sichtbar, aber dann auch vergänglich ist. Und unsere Freude an dem Fassbaren und Zählbaren, das wir besitzen, ist vielleicht nur Ausdruck eines unheiligen Stolzes. Wie kommen wir zu einem umfassenden, durchdringenden Blick auf die andere Hälfte der Wirklichkeit – auf das Heil Gottes? Wohl nur, wenn wir ihn selbst um diesen Blick bitten: »Gott, lass uns dein Heil schauen.«

Um zu sehen, wie Gott uns heil machen kann, müssen wir allerdings erst einmal die ganze Wahrheit über unseren Zustand wahrnehmen. Es ist eigentlich unglaublich, dass ein Lied mit der Zeile »Wir stolze Menschenkinder sind eitel arme Sünder« auch heute noch so populär ist. Du redest Klartext hinein in unser Zeitalter, in dem von bekannten und unbekannten Bürgern lediglich »Fehler« eingeräumt werden, während man eigentlich von »Verfehlungen« oder »Vergehen« sprechen müsste. Ach, würden wir Dein Abendlied doch öfter bewusst singen – inklusive dieser Zeile. Dann würden wir uns nicht länger über unsere Lage vor Gott hinwegtäuschen. Ohne genaueres Hinsehen sind wir ja meist der Meinung, dass er eigentlich mit uns ganz zufrieden sein müsste – und dabei kommen wir nur »weiter von dem Ziel«. Aber das, was die Bibel »Zielverfehlung« – oder »Sünde« – nennt, kommt uns desto schneller zu Bewusstsein, je ehrlicher wir mit Deiner Hilfe unsere »Luftgespinste« und die Künstlichkeiten unseres Lebens durchschauen.

Das Ausblenden der halben Realität gilt nicht zuletzt für unseren heutigen Umgang mit dem Tod. Auch unseren eigenen Tod sehen wir nur halb, und das wohl vor allem, weil wir die Augen bewusst vor ihm verschließen. Zwar leben fast alle Fernsehkrimis von der Darstellung des Todes und auch die Nachrichtensendungen sind voll von Todesmeldungen, aber da sterben immer die anderen. Und solange wir bei guter Gesundheit und mit einem Glas Wein und mit Chips in der Hand ein fremdes Sterben mitverfolgen, stellt sich das Gefühl ein: »Nun, ich selber bin ja noch am Leben. Was ich da gerade sehe, passiert nicht mir.« Der Tod wird in unseren heutigen Medien sozusagen stellvertretend für mich erledigt – jedenfalls bis zum Augenblick meines eigenen Todes. Aber lebensklug werde ich nur, wenn ich mir die Unausweichlichkeit meines eigenen Sterbens bewusst mache, wenn ich mit dem Psalmdichter bete: »Herr, lehre uns bedenken, dass wir sterben müssen, auf dass wir klug werden.« Und wenn ich sogar einen Ansprechpartner habe, dem ich ohne Weinerlichkeit sagen kann: »Gott, bitte nimm mich am Ende ohne Schmerzen aus der Welt«, dann werde ich vom Pessimisten zum Realisten, wenn nicht gar zum Optimisten. Wer so um einen sanften Tod betet, ist dem meilenweit voraus, der die Augen davor verschließt, dass er einmal sterben muss.

Als wolltest Du nicht mit gar zu gewichtigen Gedanken schließen, schaust Du in einem wunderbaren kleinen Decrescendo von Dir weg auf Deinen Nächsten: »Und unsern kranken Nachbar auch!« Diese Worte hat man als »philanthropischen Schnörkel« belächelt,[51] aber auch als den »wohl ungewöhnlichste[n] Schluss« bezeichnet, »den sich ein Gedicht im achtzehnten Jahrhundert erlaubt, ein[en] Ausklang im Pianissimo«.[52] Ich finde es einfach schön, dass Du Dich auch am Schluss dieses Liedes nicht für den Nabel der Welt hältst. So wie Du im regenlosen Sommer an den vom Tod bedrohten Wurm gedacht hast, denkst Du jetzt an Deinen kranken und schlaflosen Nachbarn. Das macht Dich sehr sympathisch und richtet auch meinen Blick weg von mir selbst nach nebenan. Es grüßt Dich dankbar

Dein schon fast ruhig schlafender Leser.

Ein letzter Brief

Lieber Matthias,

ein ganzes Jahr und einen ganzen Tag meines Lebens haben Deine ernsthaften und lustigen, schwärmerischen und grüblerischen, erdverbundenen und himmelszugewandten Texte mitgestaltet. Viel habe ich von Deinem Leben im 18. und 19. Jahrhundert erfahren, aber fast noch mehr hast Du mir von meinem eigenen Leben im 21. Jahrhundert gesagt.

Ich leugne überhaupt nicht, dass sich im Lauf der Geschichte unsere Welt, unsere Lebensumstände und unser Denken geändert haben. Neue technische Revolutionen haben unser Leben schneller gemacht, unsere Gesellschaften sind multikultureller geworden, alte Tabus sind durch neue ersetzt worden, und wir paddeln weithin orientierungslos durch eine noch nie dagewesene Informationsflut. Aber haben die rasante Fortbewegung, die globale Vernetzung und die ständige Erreichbarkeit etwa unsere geheimsten Wünsche verändert? Haben die wissenschaftlichen Revolutionen des späten 19. Jahrhunderts Deine kritischen Anfragen an den menschlichen Größenwahn überflüssig gemacht? Oder sind die womöglich heute noch viel aktueller als zu Deiner Zeit?

Unsere Abhängigkeit von der Technik, unsere aus den Medien geborgten Gefühle und den immer offensichtlicher werdenden Verlust unserer Privatsphäre können wir beweinen, beschimpfen oder verdammen. Aber die Kompliziertheit unseres Lebens ist keinesfalls vom Himmel gefallen; sie ist durchaus menschengemacht, und wir, die sich darüber beklagen, mischen oft munter dabei mit – ob wir das wahrhaben wollen oder nicht. Angesichts der globalen Bedrohungen von Rohstoffknappheit und Klimawandel beginnen wir erst langsam wieder, den Wert und die unbedingte Notwendigkeit von maßvollem Konsum und Selbstbescheidung zu entdecken. Für Dich bedeutete einfaches Leben, »mit geringem Aufwand leben, ohne Geld und ohne Schulden, keine Selbstdarstellung durch Prestigekonsum« – wie es einmal einer Deiner Leser ausgedrückt hat.[53] Das sagten auch Sozial- und Ökologiereformer später im 19. Jahrhundert, die verzweifelt an ihre Leser appellierten: »Simplify. Simplify.«[54] Und heute erscheinen immer wieder Bücher mit dieser Forderung in den Selbsthilferegalen der Buchhandlungen, weil wir alle daran erinnert werden müssen, dass wir angesichts einer riesigen Produktvielfalt und einer unbeherrschbaren Menge von Daten ganz leicht den Überblick verlieren. Dein Lob der Einfachheit haben wir heute nötiger als die meisten Generationen vor uns.

Wahrscheinlich muss jedes Zeitalter für sich neu die Grenzen des Wachstums entdecken und definieren, und wir täten gut daran, nicht so zu tun, als wären wir die Ersten, denen klar wird, wie ohnmächtig wir angesichts der Kräfte des Planeten sind. Wir sollten Dir gut zuhören, wenn Du ohne revolutionäres Gehabe auf soziale Schieflagen hinweist und uns zur Nächstenliebe verlockst; wenn Du materielle Selbstbeschränkung und Bescheidenheit vor den Spötteleien der Profit-Junkies verteidigst; wenn Du den intellektuellen Höhenflügen der Kulturschaffenden die kindliche Freude des All-tagsgenießers entgegenstellst; wenn Du nicht müde wirst, uns Lesern die Augen zu öffnen für die Hand des Schöpfers, die hinter der sichtbaren Welt am Werk ist. Und wenn Dich Deine Kritiker wegen fortgesetzter Anstiftung zur Dankbarkeit gegenüber Gott angreifen, möchte ich mich gerade deswegen in großer innerer Verbundenheit vor Dir verneigen.

Du hast mir in diesem Jahr und an diesem Tag viele Fenster aufgemacht, durch die ich eine Aussicht auf das »Bessere« in der Welt habe und durch die nun der Segen Gottes in mein Leben scheinen kann. Fenster, die mir gezeigt haben, dass Gott in der Welt ist »und wir in seinen Händen«. Auch wenn Du es zweihun-dert Jahre nach Deinem Tod nicht mehr selbst hören kannst – ich musste Dir das alles einfach mal sagen und bleibe mit aufrichtiger Hochachtung

Dein Dir mehr als je zuvor geneigter Leser.

Quellen

Albertsen, Leif Ludwig. »Claudius als Verfasser von Kirchenliedern.« *Matthias Claudius 1740–1815: Leben, Zeit, Werk*. Hg. Jörg-Ulrich Fechner. Tübingen: Niemeyer, 1996. 239-50.

Claudius, Matthias. *Sämtliche Werke: Gedichte, Prosa, Briefe in Auswahl*. Hg. Hannsludwig Geiger. Wiesbaden: Vollmer, o. J.

---. *Alle gute Gabe kommt von Gott: Ein Gang durch das Jahr mit Matthias Claudius*. Hg. Hilfswerk der evangelischen Kirchen in Deutschland, Hauptbüro Thüringen. Jena: Wartburg Verlag, o. J.

---. *Der Mond ist aufgegangen: Gedichte und Prosa*. Hg. Reinhard Görisch. Frankfurt/Main: Insel, 1998.

Franklin, Benjamin. »Letter to Jean-Baptiste Leroy, 1789.« *The Writings of Benjamin Franklin* 10. Hg. Albert Henry Smyth. New York: Macmillan, 1907. 69.

Friemel, Franz Georg. »Christliche Simplicität.« *Matthias Claudius 1740–1815: Leben, Zeit, Werk*. Hg.

Jörg-Ulrich Fechner. Tübingen: Niemeyer, 1996.
3-18.

Frühwald, Wolfgang. »Der Sonne und des Mondes
Philosoph: Matthias Claudius in seiner Zeit.« *Mat-
thias Claudius: 250 Jahre Werk und Wirkung*. Hg.
Friedhelm Debus. Göttingen: Vandenhoeck und
Ruprecht, 1991. 13-40.

Gleim, Johann Wilhelm Ludwig. »Das Kind.« *Sämmt-
liche Werke*. Bd. 2. Karlsruhe, 1819. 314-15.

Görisch, Reinhard. *Matthias Claudius und der Sturm
und Drang: Ein Abgrenzungsversuch. Vergleiche mit
Goethe, Herder, Lenz, Schubart und anderen am Beispiel eschatologischer Vorstellungen im Kontext des
Epochenbewußtseins*. Frankfurt/Main: Lang, 1981.

---. *Matthias Claudius oder Leben als Hauptberuf*.
Hamburg: Friedrich Wittig, 1985.

Kleßmann, Eckart. »Matthias Claudius.« *1000 deutsche Gedichte und ihre Interpretationen*. Hg. Marcel
Reich-Ranicki. Frankfurt/Main: Insel, 1994.

Kopitzsch, Franklin. »Matthias Claudius, der ›Wandsbecker Bothe‹.« Vortrag zur Eröffnung der Ausstel-

lung »Matthias Claudius, 1740–1815«. Museum für Hamburgische Geschichte, 14. 8. 1990.

Kranefuss, Annelen. *Die Gedichte des Wandsbecker Boten*. Göttingen: Vandenhoeck und Ruprecht, 1973.

---. *Matthias Claudius*. Hamburg: Hoffmann und Campe, 2011.

Martens, Wolfgang. »Claudius und die französische Revolution.« *Matthias Claudius 1740–1815: Leben, Zeit, Werk*. Hg. Jörg-Ulrich Fechner. Tübingen: Niemeyer, 1996. 43-65.

Siebald, Manfred. »Manchmal im Sommer.« *Alles auf seine Weise*. SCM Hänssler, 1985. CD.

Thoreau, Henry David. *The Variorum Walden*. Hg. Walter Harding. New York: Twayne, 1962.

Von Kempen, Thomas. *Herzensweisheit:* De imitatione Christi *in der Sprache unserer Zeit*. Hg. und übs. Thomas Lardon. Berlin: Lardon Media, 2004.

Anmerkungen

1   Claudius, »Motet«, *Sämtliche Werke* 183.
2   Zum Beispiel Reinhard Görisch, *Matthias Claudius oder Leben als Hauptberuf* und Annelen Kranefuss, *Matthias Claudius.*
3   Kranefuss, *Matthias Claudius* 11.
4   Görisch, *Leben als Hauptberuf* 29.
5   Koeppen 7.
6   Martens 54.
7   Martens 62-63.
8   Görisch, *Leben als Hauptberuf* 59.
9   Rudolf Alexander Schröder, zit. nach Görisch, *Leben als Hauptberuf* 18-19.
10 Kranefuss, *Matthias Claudius* 12.
11 Zit. nach Görisch, *Leben als Hauptberuf* 36.
12 Wilhelm von Humboldt, zit. nach Görisch, *Leben als Hauptberuf* 28-29.
13 Kopitzsch 33.
14 Claudius, *Sämtliche Werke* 13-14.
15 Claudius, »An meinen Sohn Johannes, 1799«, *Sämtliche Werke* 505-508; 506.
16 Claudius, *Sämtliche Werke* 119-20.
17 Claudius, *Sämtliche Werke* 238-39.
18 Claudius, *Sämtliche Werke* 635-36.
19 Franklin 69.
20 Einer Schwester des Grafen Stollberg, Auguste-Luise Stollberg, gewidmet. Als Improvisation bei einem Treffen mit Klopstock, 1. Mai 1774, geschrieben. Claudius, *Sämtliche Werke* 83, 1003.
21 Claudius, *Sämtliche Werke* 408-409.
22 von Kempen 34.
23 Claudius, »An meinen Sohn Johannes, 1799«, *Sämtliche Werke* 508.

24 Claudius, *Sämtliche Werke* 31.

25 Siebald, *Alles auf seine Weise*.

26 Claudius, *Sämtliche Werke* 68.

27 Claudius, *Sämtliche Werke* 631.

28 Claudius, *Sämtliche Werke* 27.

29 Claudius, *Sämtliche Werke* 207-10. Die im Original zu Beginn jeder Strophe und jedes Refrains enthaltenen Angaben »Vorsänger« und »Coro« (Chor) sind hier ausgelassen.

30 Claudius, *Sämtliche Werke* 185-86.

31 Claudius, *Sämtliche Werke* 221-25. Einige Worterklärungen: »*conditio sine qua non*« – unbedingte Voraussetzung; »intrikat« – verwickelt, verworren; »*NB*«, d. h. »notabene« – wohlgemerkt, übrigens.

32 Gleim 314-15.

33 »Ein Gleiches« – also: »Auch ein ›Wiegenlied bei Mondschein zu singen‹«. Das Gedicht folgt im Original auf das Wiegenlied auf S. 163-165. Claudius, *Sämtliche Werke* 75-77.

34 Claudius, *Sämtliche Werke* 370-73.

35 Claudius, »Briefe an Andres: Erster Brief«, *Sämtliche Werke* 269-70; 270.

36 Claudius, *Sämtliche Werke* 556.

37 Claudius, *Sämtliche Werke* 103-106.

38 Claudius, »Ein silbern Dito«, *Sämtliche Werke* 511-13; 512.

39 Claudius, *Sämtliche Werke* 367-69.

40 Zit. nach Görisch, *Leben als Hauptberuf* 20.

41 Claudius, *Sämtliche Werke* 432-33.

42 Claudius, *Sämtliche Werke* 250-51.

43 Claudius, *Sämtliche Werke* 149.

44 Claudius, *Sämtliche Werke* 107-108.

45 Claudius, »Paul Erdmanns Fest«, *Sämtliche Werke* 188-213; 200.

46 Claudius, »An meinen Sohn Johannes, 1799«, *Sämtliche Werke* 507.

47 Claudius, *Sämtliche Werke* 74-75.

48 Claudius, *Sämtliche Werke* 218-19.

49 Siehe Albertsen 242.

[50] Claudius, »An meinen Sohn Johannes, 1799«, *Sämtliche Werke* 506.
[51] Albertsen 244.
[52] Kleßmann 267.
[53] Friemel 9.
[54] Thoreau 90.

Manfred Siebald

Lass uns leise jubeln
Noch mehr Liedergeschichten

Gebunden, 10,5 x 16,5 cm, 192 Seiten
Nr. 395.463
ISBN 978-3-7751-5463-5

Manfred Siebalds zweite Sammlung von nachdenklichen und amüsanten Plaudereien über seine Lieder. Die kurzen Kapitel sind oft Antworten auf Hörerfragen: Wie entstand ein bestimmtes Lied? Wie ist eine einzelne Passage zu verstehen? Was hat der Autor mit diesem Lied erlebt? Bereitwillig gibt Siebald die Erlebnisse preis, die ihn zum Schreiben bewegten, die Bücher, die ihn inspirierten, und die Gespräche, die er zu Texten verarbeitete. Ein inspirierendes Buch voll tiefer Gedanken.

Bitte fragen Sie in Ihrer Buchhandlung nach diesem Buch! Oder schreiben Sie an:
SCM Hänssler, D-71087 Holzgerlingen;
E-Mail: info@scm-haenssler.de;
Internet: www.scm-haenssler.de

Manfred Siebald

Höchste Zeit

CD
Nr. 097.287, €D 18,95*

Ein weiteres musikalisches und textliches Meisterwerk
von Manfred Siebald. Die Lieder des neuen Albums
erzählen Geschichten davon, wie wichtig jeder Augenblick auf dieser Erde im Blick auf Gottes Ewigkeit ist.
Momente liebevoller Nähe zwischen Menschen und die
Erfahrung christlicher Gemeinschaft werden in den
Texten gefeiert. Aber es werden auch Gründe genannt,
warum sich aus Gottes Sicht Dinge in dieser Welt und
in unserem Leben ändern sollten. Auch bei diesen Lie-
dern hat Manfred Siebald wieder genau hingeschaut
und alle Sprachregister gezogen.

Bitte fragen Sie in Ihrer Buchhandlung nach dieser CD!
Oder schreiben Sie an:
SCM Hänssler, D-71087 Holzgerlingen;
E-Mail: info@scm-haenssler.de;
Internet: www.scm-haenssler.de